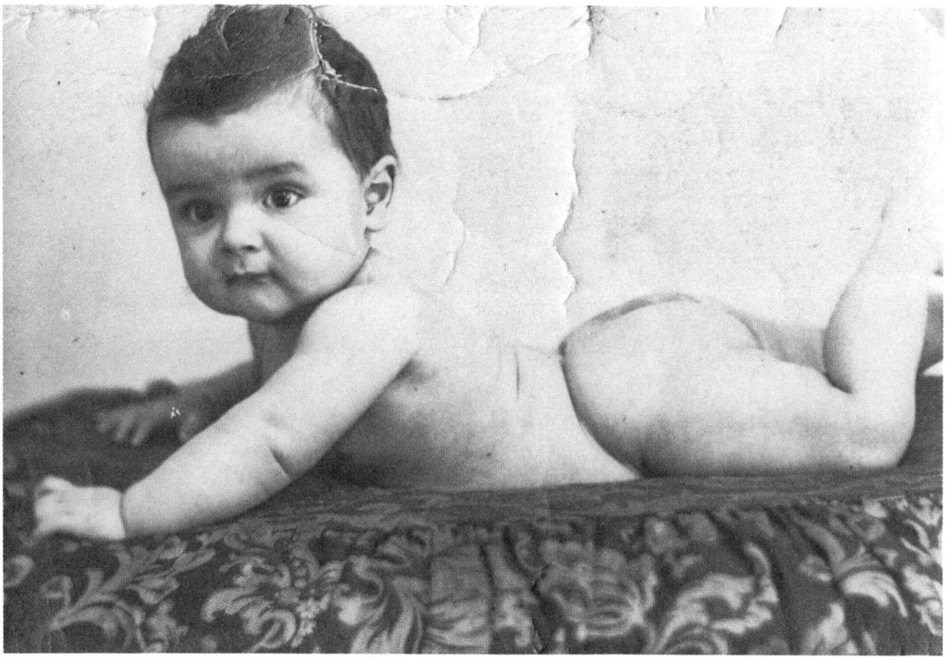

En haut, Bernard bébé, en 1935. Ci-dessus, avec son frère cadet, Jean-Charles, en 1943. Déjà là, le regard malicieux de Bernard...

Vers ses dix ans.

Les vendanges en 1943 dans le Beaujolais. Au premier plan, son frère, Jean-Charles. Au second, Bernard (à droite) avec Paul Geoffray, son ami d'enfance. Pendant la guerre, Maryse Pivot quitte Lyon avec ses deux garçons, Bernard et Jean-Charles, et rejoint Quincié-en-Beaujolais, où elle a une maison.

“Nos jeunesses étaient très contraintes. Les vendanges survenaient comme des entractes de liberté. C'est là que j'ai gagné mon premier argent. Nous étions enfin considérés et traités comme des adultes. Avant de retourner au collège ou au lycée, avant de replonger dans la discipline des familles, nous étions dans les vignes, les moineaux! Nous étions donc gais, affranchis, audacieux. Pour qui avait la santé, de l'appétence, les vendanges étaient une magnifique école de sensualité.”

Bernard Pivot, *Dictionnaire amoureux du vin*, éd. Plon

Il faut garder une trace de ce jour mémorable pour la famille : celui où Charles Pivot rentre de la guerre. Il pose avec sa femme, Maryse, et ses deux garçons.

“Le 5 mai 1945, jour de mes dix ans, fut une grande date. Vers onze heures du matin, on vint me chercher à l'école, pendant le cours. Mon père était de retour ! Jamais ma mère ne me parut aussi belle, émue et joyeuse. Pourtant le type qui l'embrassait et qui prenait dans ses bras tantôt mon frère, tantôt moi, avait perdu ses cheveux, et son corps un peu tassé était recouvert d'un abominable vêtement gris-vert… J'étais décontenancé, ayant souvent rêvé ou imaginé le retour d'un guerrier au charme irrésistible.”

Bernard Pivot

Quincié-en-Beaujolais, photo de classe (Bernard est au premier rang, tout à gauche).

“C’est à Quincié que j’ai appris à lire et à écrire. Élève de l’école communale pendant les cinq années de la guerre, j’étais un farouche opposant à l’Allemagne, qui retenait mon père prisonnier et dont les soldats ne se risquaient guère jusqu’au bourg où, souvent, passaient à toute allure, devant nos yeux d’écoliers ébaudis et enfiévrés, des 11 CV Citroën noires bourrées de maquisards en armes.”

Bernard Pivot, *Dictionnaire amoureux du vin*, éd. Plon

Bernard, le jour de sa communion solennelle.

“Ayant été l’enfant de chœur de Jésus, de Marie et des saints pendant dix années, cela m’a évité de faire des bêtises politiques et d’être l’enfant de chœur de Marx, Mao, Pinochet, Castro et autres tyrans de cette planète.”

Bernard Pivot, *À voix nue*, 1991, France Culture

Jeu de cartes
avec ses
parents.

Au pensionnat Saint-Louis, avec son ami Jean-Claude Jacquemet, tous deux sous le maillot du Football Club Saint-Louis (F.C.S.L.), équipe minimes.

“J’aimais tellement le football que je restais volontairement au pensionnat le samedi après-midi et le dimanche, avec les élèves collés et ceux dont les parents habitaient loin, pour pouvoir y jouer plusieurs heures durant dans la cour de récréation.”

Bernard Pivot, *Les Mots de ma vie*, éd. Albin Michel

La fête des conscrits à Quincié en 1955. Bernard a vingt ans.

Photo de classe avec Bernard (de bas en haut, troisième rang et sixième en partant de la gauche). Il effectue toute sa scolarité, à partir de ses dix ans, au pensionnat Saint-Louis, à la Croix-Rousse à Lyon, excepté une dernière année au lycée Ampère.

“Si la rêverie, les vagabondages de l’esprit, les fantasmes les yeux ouverts avaient constitué une épreuve du baccalauréat, il est certain que j’aurais décroché un 20 sur 20. Alors que j’ai dû m’y prendre à deux fois pour en passer avec succès la première partie.”

Bernard Pivot, *La mémoire n’en fait qu’à sa tête,* éd. Albin Michel

CENTRE DE FORMATION DES JOURNALISTES

Année : 1955/1956

Carte N° 42

om : PIVOT
énom : Bernard
esse : 45 rue de Lyon à PARIS

Signature du Titulaire :

À gauche, carte d'étudiant de sa première année au CFJ (Centre de formation des journalistes) à Paris. Le cursus dure deux ans. Ci-dessus, avec son ami Gérard Faye.

Au CFJ, avec le professeur principal de la promotion, Raymond Blain.
« Un maniaque de la faute d'orthographe », précise Monique, la future femme de Bernard, qui a effectué le CFJ avec lui (entre eux deux sur la photo ci-dessus).

CARTE DE PRESSE N° 17316

Avec Hervé Bazin et Robert Sabatier, en mars 1972. Bernard Pivot est alors courriériste au *Figaro littéraire*.

Page précédente, en 1957, Bernard Pivot sort deuxième de sa promotion au Centre de formation des journalistes, à Paris. Celui qui avait été un collégien puis un lycéen moyen a trouvé sa voie avec le journalisme, et ce dès le premier jour. Une révélation pour lui.

La remise du prix Femina en 1960. La lauréate cette année-là : Louise Bellocq pour *La Porte retombée* (éditions Gallimard). Derrière, carnet à la main, Bernard Pivot.

“Courriériste pendant plus de dix ans, je rendais compte chaque semaine de la vie littéraire. Sa partie visible : écrivains étrangers de passage à Paris, élections, prix, réunions, cocktails, voyages, remises de manuscrits, tirages, etc. Mais surtout – ce qui m'amusait davantage – la partie cachée de l'actualité littéraire : querelles à l'académie Goncourt, comment ils ont voté le jour du prix, crêpages de chignons des dames du Femina, petits complots à l'Académie française (où une élection avait plus de retentissement qu'aujourd'hui), brouilles et transferts d'écrivains (le mot mercato était encore inconnu), publication en avant-première de passages polémiques ou comiques de livres à paraître, mots d'auteurs...”

Bernard Pivot, *La mémoire n'en fait qu'à sa tête*, éd. Albin Michel

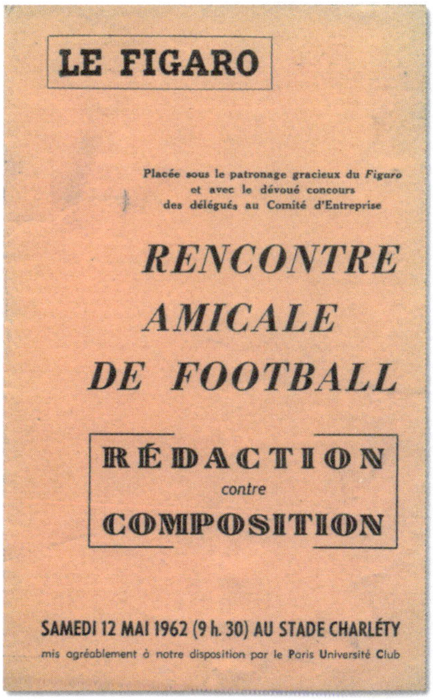

LE FIGARO

Placée sous le patronage gracieux du *Figaro*
et avec le dévoué concours
des délégués au Comité d'Entreprise

RENCONTRE
AMICALE
DE FOOTBALL

RÉDACTION
contre
COMPOSITION

SAMEDI 12 MAI 1962 (9 h. 30) AU STADE CHARLÉTY
mis agréablement à notre disposition par le Paris Université Club

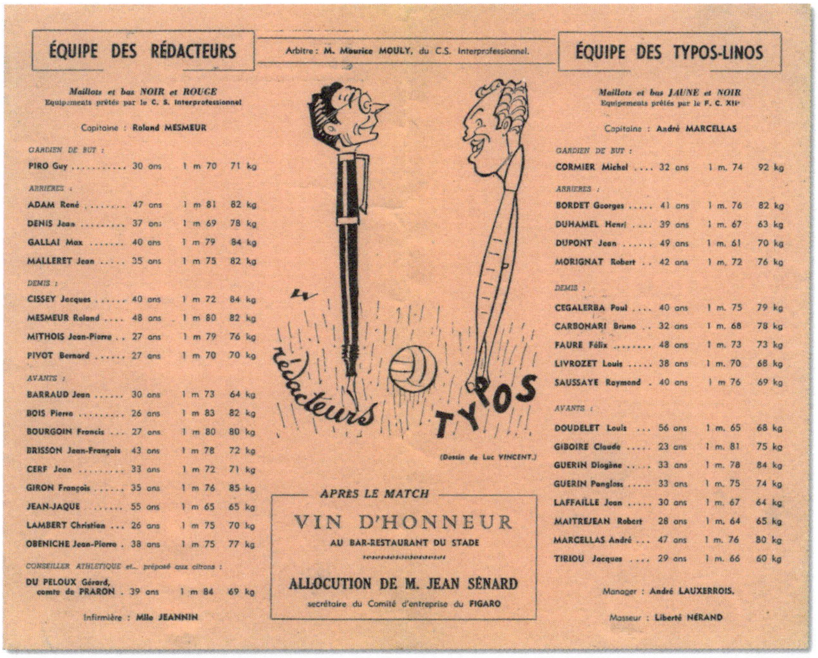

Arbitre : M. Maurice MOULY, du C.S. Interprofessionnel.

ÉQUIPE DES RÉDACTEURS

Maillots et bas NOIR et ROUGE
Equipements prêtés par le C. S. Interprofessionnel

Capitaine : Roland MESMEUR

GARDIEN DE BUT :			
PIRO Guy	30 ans	1 m 70	71 kg
ARRIERES :			
ADAM René	47 ans	1 m 81	82 kg
DENIS Jean	37 ans	1 m 69	78 kg
GALLAI Max	40 ans	1 m 79	84 kg
MALLERET Jean	35 ans	1 m 75	82 kg
DEMIS :			
CISSEY Jacques	40 ans	1 m 72	84 kg
MESMEUR Roland	48 ans	1 m 80	82 kg
MITHOIS Jean-Pierre	27 ans	1 m 79	76 kg
PIVOT Bernard	27 ans	1 m 70	70 kg
AVANTS :			
BARRAUD Jean	30 ans	1 m 73	64 kg
BOIS Pierre	26 ans	1 m 83	82 kg
BOURGOIN Francis	27 ans	1 m 80	80 kg
BRISSON Jean-François	43 ans	1 m 78	72 kg
CERF Jean	33 ans	1 m 72	71 kg
GIRON François	35 ans	1 m 76	85 kg
JEAN-JAQUE	55 ans	1 m 65	65 kg
LAMBERT Christian	26 ans	1 m 75	70 kg
OBENICHE Jean-Pierre	38 ans	1 m 75	77 kg
CONSEILLER ATHLETIQUE et... préposé aux citrons :			
DU PELOUX Gérard, comte de PRARON	39 ans	1 m 84	69 kg

Infirmière : Mlle JEANNIN

APRÈS LE MATCH

VIN D'HONNEUR
AU BAR-RESTAURANT DU STADE

ALLOCUTION DE M. JEAN SÉNARD
secrétaire du Comité d'entreprise du FIGARO

ÉQUIPE DES TYPOS-LINOS

Maillots et bas JAUNE et NOIR
Equipements prêtés par le F. C. XIIe

Capitaine : André MARCELLAS

GARDIEN DE BUT :			
CORMIER Michel	32 ans	1 m. 74	92 kg
ARRIERES :			
BORDET Georges	41 ans	1 m. 76	82 kg
DUHAMEL Henri	39 ans	1 m. 67	63 kg
DUPONT Jean	49 ans	1 m. 61	70 kg
MORIGNAT Robert	42 ans	1 m. 72	76 kg
DEMIS :			
CEGALERBA Paul	40 ans	1 m. 75	79 kg
CARBONARI Bruno	32 ans	1 m. 68	78 kg
FAURE Félix	48 ans	1 m. 73	73 kg
LIVROZET Louis	38 ans	1 m. 70	68 kg
SAUSSAYE Raymond	40 ans	1 m 76	69 kg
AVANTS :			
DOUDELET Louis	56 ans	1 m. 65	68 kg
GIBOIRE Claude	23 ans	1 m. 81	75 kg
GUERIN Diogène	33 ans	1 m. 78	84 kg
GUERIN Pangloss	33 ans	1 m. 75	74 kg
LAFFAILLE Jean	30 ans	1 m. 67	64 kg
MAITREJEAN Robert	28 ans	1 m. 64	65 kg
MARCELLAS André	47 ans	1 m. 76	80 kg
TIRIOU Jacques	29 ans	1 m. 66	60 kg

Manager : André LAUXERROIS.

Masseur : Liberté NÉRAND

Page de gauche, Bernard Pivot dans les bureaux du *Figaro littéraire*. *Le Littéraire*, d'abord publié indépendamment du quotidien, devient *Le Figaro littéraire* en 1946. Les bureaux de la rédaction sont installés dans les salons d'un hôtel particulier du rond-point des Champs-Élysées. Ci-dessus, la presse à sa grande époque ! Tout était prétexte à se retrouver et faire la fête.

Avec Françoise Sagan, en juin 1972, l'année où elle publie *Des bleus à l'âme*.

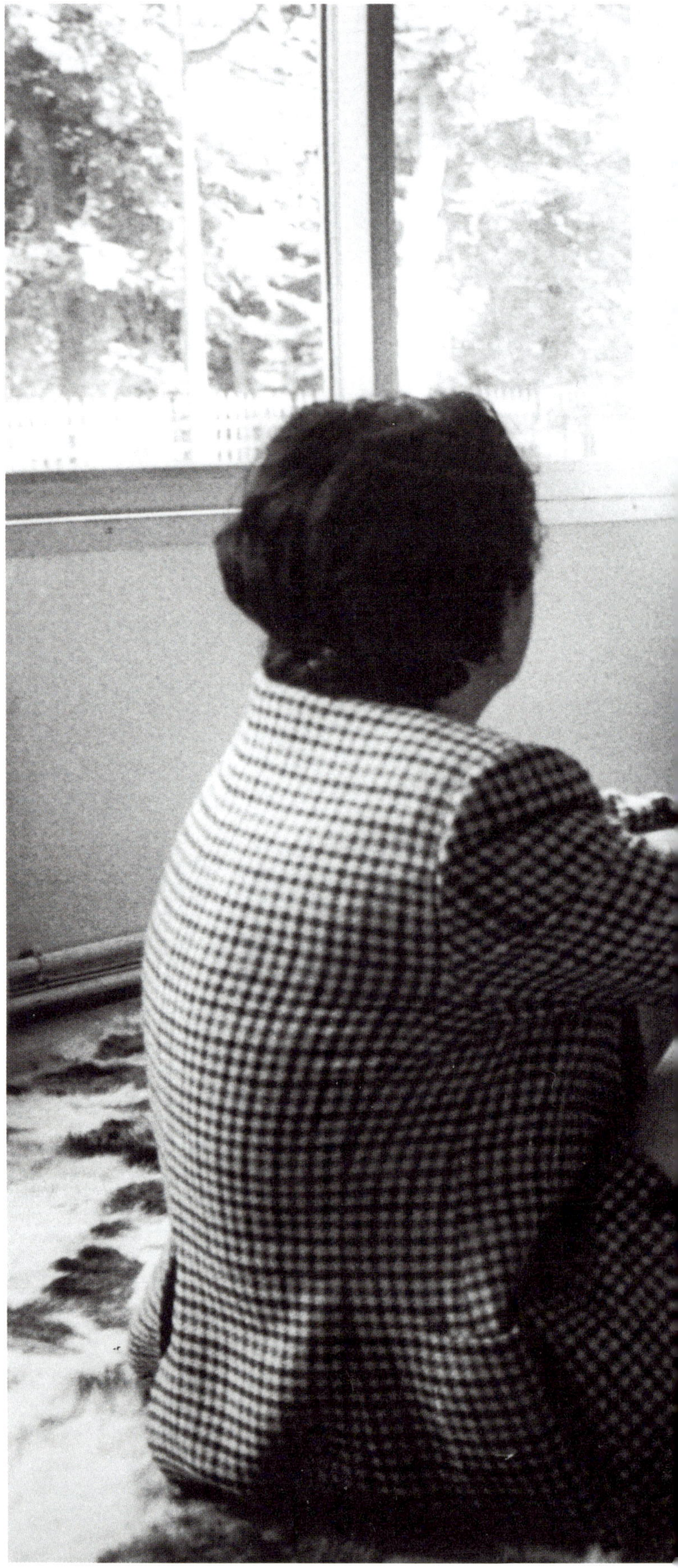

“Au fond, chaque fois qu'elle venait à *Apostrophes*, Françoise Sagan parlait d'amour. Surtout avec Roland Barthes.”

Supplément du *Magazine littéraire,* « Les années *Apostrophes* par Bernard Pivot », novembre 2015 (propos extraits d'un entretien de Bernard Pivot avec Pierre Assouline, à l'occasion du documentaire *Les Vendredis d'*Apostrophes*)*.

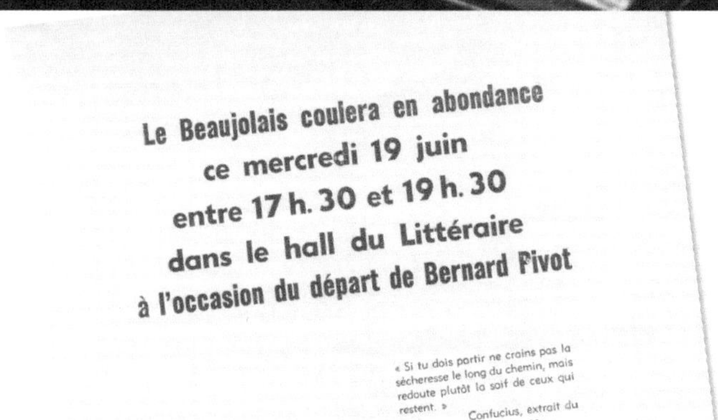

Le Beaujolais coulera en abondance
ce mercredi 19 juin
entre 17 h. 30 et 19 h. 30
dans le hall du Littéraire
à l'occasion du départ de Bernard Pivot

« Si tu dois partir ne crains pas la sécheresse le long du chemin, mais redoute plutôt la soif de ceux qui restent. »
Confucius, extrait du **Louen Yu.**

En haut, avec son assistante, Anne-Marie Bourgnon, au *Figaro littéraire*. Ils ont travaillé ensemble de 1970 à 2024.
Ci-dessus, invitation au pot de départ de Bernard Pivot du *Figaro littéraire*, en juin 1974. Il quitte le journal après un désaccord avec le nouveau directeur, Jean d'Ormesson. Il y était entré en octobre 1958. À boire ce jour-là, du beaujolais bien entendu.

En haut, en 1966, le Prix de la chronique parisienne est remis à Bernard Pivot à l'hôtel de Sens. Dans le jury : Micheline Sandrel, Paul Guth, Philippe Bouvard, Louis Touchagues, Jacques Heim. Son prix : son poids en champagne ! C'est la première apparition de Bernard Pivot à la télévision (que l'on peut revoir sur Internet).
Ci-dessus, Bernard Pivot ouvre les cadeaux de ses collaborateurs pour son départ du *Figaro littéraire*.

MON PATRON

Pourquoi cet homme aux mains de bûcheron, qui piquait des colères, ironisait parfois avec cruauté et qui n'acceptait pas toujours d'entrer dans le raisonnement des autres fut-il le plus captivant et le plus stimulant des rédacteurs en chef ? Parce que Maurice Noël n'exigeait de ses collaborateurs que la seule qualité qu'il se reconnût à lui-même : l'authenticité. Plus un peu de talent, bien sûr.

Le portrait auquel Bernard Pivot fait référence dans l'article ci-contre et le mot de Maurice Noël écrit au dos. Cette photo a suivi Bernard dans chacun de ses déménagements. Elle occupait une place de choix dans sa bibliothèque.

Il aimait les poèmes jaillis du cœur, les arbres de grand vent, les romans foisonnant de vie, les vins encore dans le tonneau, les mots de sève et de sel qui sonnent juste. Quand il me questionna sur mes lectures, malheur à moi si j'avais essayé par quelque artifice de lui donner à croire que j'étais le jeune journaliste débutant et cultivé qu'il espérait pour *Le Figaro littéraire*. Je ne savais rien. Je le lui avouai. Ma sincérité lui plut. Il m'engagea et il prit sur un radiateur deux ou trois livres qu'il m'incita à lire sans tarder.

Maurice Noël détestait le bluff, le snobisme ; il se méfiait, trop peut-être, des modes ; il défendait au jury Renaudot et dans son journal la littérature qui tient au corps et à l'âme – Claudel fut une de ses grandes passions ; et pourtant ce Jurassien chantant et tonnant adorait les échos, les billets et les chroniques où le journaliste révèle des petits secrets de la vie parisienne et titille les gloires de l'Académie. Un bon mot le mettait en joie ; un bon livre le rendait heureux ; mais ce qui lui faisait le plus plaisir, c'était une enquête ou un reportage qu'il avait commandés, qu'il jugeait excellents et que les lecteurs du *Figaro littéraire* allaient donc pouvoir, eux aussi, lire avec profit et agrément.

La plus grande chance de ma vie, ce fut probablement d'avoir débuté sous la férule de ce rédacteur en chef cultivé, généreux et exigeant. Longtemps, mes petits papiers, il ne les estima pas dignes de la signature. Et puis, un jour, au bas d'un article très modeste, mais dans lequel il s'avisa que ses conseils avaient eu des effets prometteurs, il traça mes initiales.

Ô fierté ! Vingt-cinq ans après, à côté d'une photographie le représentant à son bureau, j'écris toujours un peu pour Maurice Noël, comme s'il était encore mon patron et que j'eusse à passer par son jugement.

Bernard Pivot, *Le Figaro*, 3 septembre 1985

Ci-dessus, la rédaction de *Lire* en 1975, de gauche à droite : Betty der Andreassian et Jean-Marie Hégo. Derrière : Jacques Joubert, Myriam Sicouri-Roos, Pierre Boncenne, Jean-François Drouard, Jean-Pierre Cliquet et Anne-Marie Bourgnon. Ci-contre, la première couverture de *Lire*, le magazine qu'il a fondé avec Jean-Louis Servan-Schreiber en 1975. Le premier numéro s'est vendu à 150 000 exemplaires, puis les ventes se sont stabilisées autour de 90 000 exemplaires.

“Mon tempérament est individualiste. Et puis, c'est ma manière de vivre. J'aime bien rêver, me retrouver seul, et, en même temps, j'ai toujours aimé l'esprit d'équipe.”

Bernard Pivot, *Lire*, avril 2011

RCA
Bernard PIVOT
VICTOR
740 112
"CHRONIQUES POUR SOURIRE"
EUROPE 1

"Les trois mots qui me viennent à l'esprit quand je pense à Bernard, c'est vivacité d'esprit, élégance, curiosité. Un défaut? Il est peut-être impatient."
Renaud Capuçon, *Thé ou Café*, 2017

Page de gauche, en haut, avec Jean-Louis Servan-Schreiber. Il appelle Bernard Pivot dès le lendemain de son départ du *Figaro* pour lui proposer de créer une revue mensuelle sur les livres et la lecture. Il animera la rédaction de *Lire* pendant dix-huit ans.
En bas, de 1970 à 1973, il a une émission le matin sur Europe 1, *Chroniques pour sourire*. Un vinyle est sorti avec quelques-unes de ses chroniques.
Ci-dessus, chaque mois, Jimmy Goldsmith, le propriétaire de la holding Général Occidentale, qui comprenait notamment *Lire,* faisait venir le graphiste et typographe vedette Milton Glaser (à droite) de New York à Paris afin de perfectionner sa nouvelle maquette du magazine. Sous le regard admiratif de Bernard Pivot, de Jean-François Drouard et du directeur artistique, Jean-Pierre Cliquet (à l'extrême gauche de profil), il réalisait la couverture. Milton Glaser avait notamment inventé le fameux logo « I ♥ NY ». Les réunions, comme ici en 1983, se tenaient dans les locaux de *L'Express* avec des responsables du groupe. Une époque où l'on n'hésitait pas à employer de grands moyens...

En 1976, interview de Patrick Modiano pour *Lire*. Bernard Pivot a été l'un des premiers journalistes à parler du roman *La Place de l'Étoile*, en 1968.

Aujourd'hui où tous ceux que vous avez invités à *Apostrophes* et à *Bouillon de culture* vous fêtent et apportent le témoignage de ce que vous êtes pour eux, je pense à un petit mot que vous m'aviez écrit au printemps 1968. Et il n'y a de ma part aucune nostalgie à évoquer cela puisque les événements marquants de notre vie appartiendront toujours au présent. Ce petit mot est pour moi un événement marquant. Je venais de publier mon premier livre et c'était le premier signe que quelqu'un l'avait lu. On n'oublie pas ces choses-là. Vous comprendrez que, depuis tout ce temps, j'ai gardé votre lettre comme un talisman et un porte-bonheur. Le tampon indique que vous l'aviez postée rue du Colisée, le 18 avril 1968. Le printemps s'annonçait bien. Il allait d'ailleurs tenir, quelques semaines plus tard, en mai, toutes ses promesses.

Vous me demandiez, à la fin de la lettre, de vous téléphoner à Alma 80 00. Je vous avoue qu'au moment de composer ce numéro j'étais aussi anxieux que lorsque j'avais composé, quelque temps auparavant, Littré 28 91, le numéro de Gallimard, pour savoir s'ils acceptaient vraiment mon premier livre.

Vous m'avez donné rendez-vous dans un restaurant des Champs-Élysées. Et là, vous m'avez posé quelques questions pour un article que vous vouliez faire sur le livre. Je n'y croyais pas. À une table voisine, il y avait Joseph Kessel, et à côté de nous, une jeune actrice américaine qui venait de tourner dans un film avec Jean-Paul Belmondo. Décidément, la vie était belle. Vous m'avez présenté un photographe avec une tête de baroudeur, et il m'a emmené faire quelques photos du côté de la place de l'Étoile. Puis il m'a invité à prendre un verre et il m'a raconté qu'il avait connu Robert Capa et que lui-même s'était battu, pendant la guerre, à Monte Cassino. Vers le soir, nous avons entendu des explosions. Au début, le baroudeur ne prenait pas ces bruits très au sérieux, mais quand même, nous avons fini par nous demander ce qui se passait. L'arrivée des blindés de Leclerc ? C'est beaucoup plus tard, quand j'ai traversé le pont des Arts pour rentrer chez moi et que j'ai vu les cars de CRS massés le long des quais, que j'ai compris.

Les jours suivants, je vous ai rappelé à Alma 80 00 et vous avez eu la gentillesse de me donner plusieurs rendez-vous. Nous nous retrouvions dans des cafés des Champs-Élysées. J'avais l'impression que la littérature ne comptait plus beaucoup, étant donné la tournure que prenaient « les événements », et que vous seriez mon seul lecteur. J'étais heureux. La parution de mon livre, votre lettre, votre interview, les « événements »... Ce printemps me paraissait de plus en plus irréel.

Et puis les années ont passé. Et chaque fois que je vous ai vu sur le plateau d'*Apostrophes* et de *Bouillon de culture*, c'était toujours la même ironie, la même curiosité, et cette manière subtile de taquiner l'interlocuteur pour qu'il puisse s'exprimer. Chaque fois, j'ai retrouvé votre gentillesse du printemps 1968. Je crois qu'avec vous, ce sera toujours le printemps.

Patrick Modiano, *Le Figaro*, 18 mars 2001

Paris Match avait proposé à Bernard Pivot d'interviewer les candidats à la présidence de la République en 1988. Il a ainsi rencontré Jacques Chirac, Raymond Barre et François Mitterrand.

Ci-dessus, le magazine *Lire* a organisé de mémorables croisières littéraires.
En 1993, pour fêter le départ de Bernard Pivot du magazine, son successeur par lui désigné, Pierre Assouline (debout à gauche), avait mitonné un petit discours d'hommage qui, manifestement, n'était pas dénué d'humour. En présence de la rédaction, de gauche à droite : Jean-Marie Hégo, Anne-Marie Bourgnon, Nathalie Chausson, Patricia de la Fage, Guy Rossi-Landi, Myriam Sicouri-Roos, Marie-Cécile Corap.
Le déjeuner se déroula au Chalet des îles, sur le lac du bois de Boulogne.

“J’ai rarement vu quelqu’un avoir cette conscience exacte de lui-même : plus qu’un journaliste, mais rien qu’un journaliste. Un reporter plus qu’un critique, un témoin plus qu’un analyste.”

Pierre Nora, supplément du *Magazine littéraire*,
« Les années *Apostrophes* par Bernard Pivot », novembre 2015

“En vieillissant, on se sclérose toujours. Les journaux comme les hommes. On tient à ses formules, à ses recettes, on ne voit pas que le monde autour de nous a déjà changé… C'est très difficile à expliquer et encore plus à admettre, cette nécessité de renouvellement, mais c'est vital. Dans l'intérêt de *Lire*, il fallait que je passe la main.”

Bernard Pivot, *Lire*, novembre 2005

Ci-dessus, la rédaction de *Lire* à l'issue du déjeuner au Chalet des îles, en hommage à Bernard Pivot pour ses adieux en 1993.
Page de droite, pour *Apostrophes*, voici le temps que Bernard Pivot consacrait à la lecture : le lundi cinq à huit heures, le mardi huit à dix heures, le mercredi douze à quinze heures, le jeudi douze à quinze heures, le vendredi cinq à sept heures, le samedi quatre à dix heures et le dimanche huit à dix heures.
En bas, sa carte de presse, toujours rangée dans son portefeuille.

"C'est au contraire dans les moments difficiles de ma vie, dans les périodes de chagrin ou de mélancolie, que je juge encore plus utile la lecture des romans. Plus qu'utile : bénéfique, salutaire. Couper avec la morne réalité du moment et se réfugier chez les autres, dans une géographie lointaine, dans une société inconnue, dans des familles, des couples où l'écrivain n'a pas lésiné sur les conflits et les tracas, en sorte que les miens, quand je relève la tête entre deux chapitres, me paraissent en comparaison moins dramatiques."

Bernard Pivot, *Lire !*, éd. Flammarion

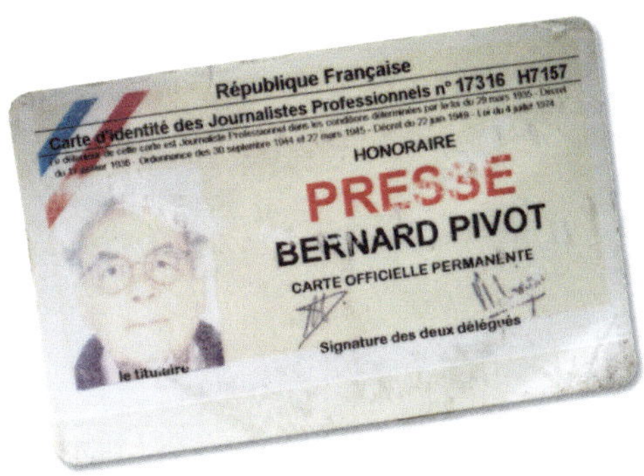

La télé

« Bonsoir à tous ! »

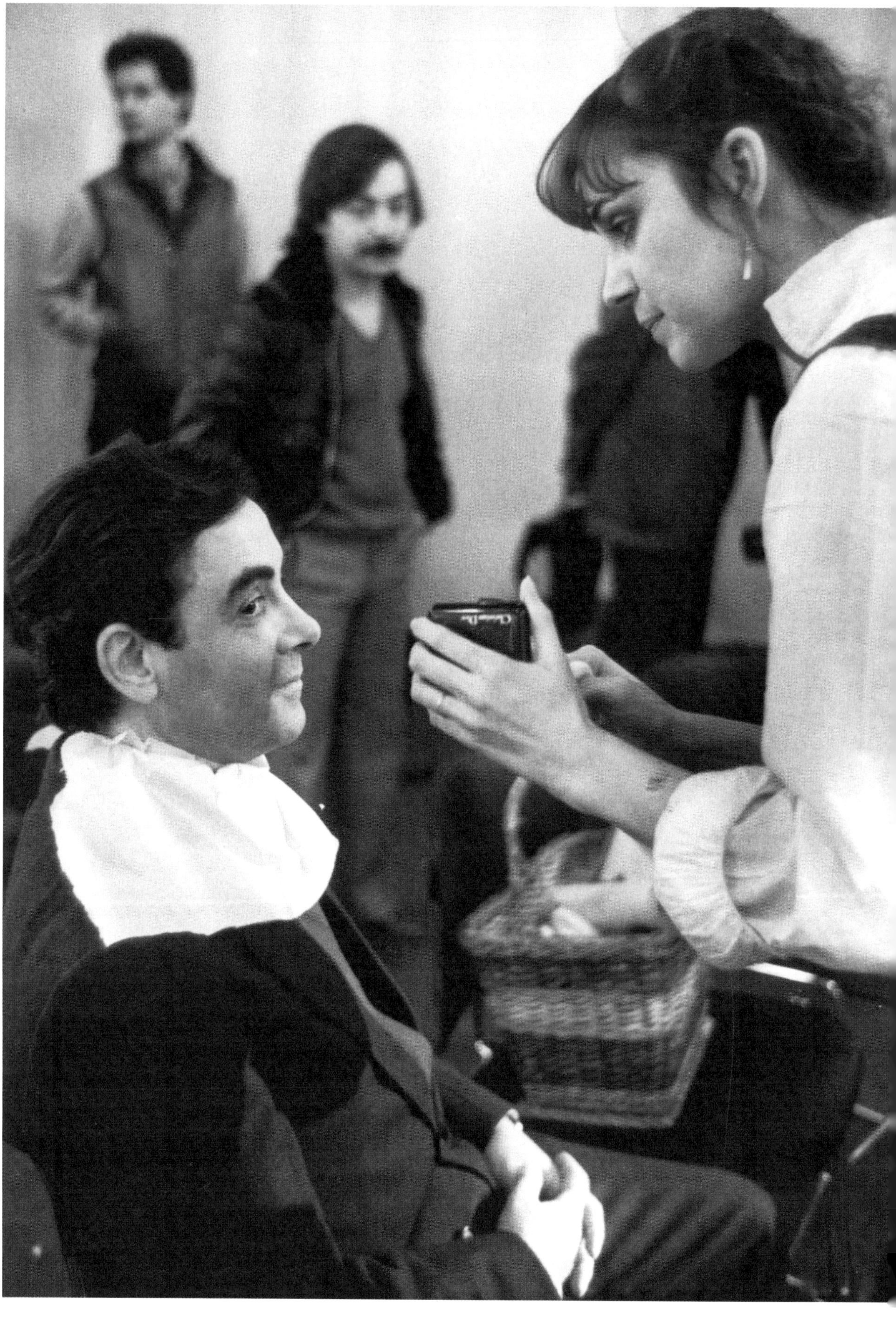

“Ma première émission littéraire à la télévision s'intitulait *Ouvrez les guillemets*. Tout ce qui était dit pendant soixante-dix minutes était donc entre guillemets. Quand l'un de mes invités ou moi lisions un texte ou faisions une citation, nous ouvrions des guillemets à l'intérieur des guillemets. Déjà, je vivais aux crochets de la littérature.”

Bernard Pivot, *Les Mots de ma vie,* éd. Albin Michel

Page précédente, *Apostrophes*, avant le début de l'émission, en direct à de rares exceptions près. Bientôt, tous les photographes quitteront le plateau.
Page de gauche, séance de maquillage, le 18 janvier 1980.
Ci-dessus, *Ouvrez les guillemets*, 21 mai 1973, avec Alain Delon et Roger Borniche. Bernard Pivot a été producteur et animateur d'*Ouvrez les guillemets* (ORTF, 1re chaîne) du 2 avril 1973 au 21 novembre 1974, puis d'*Apostrophes* (Antenne 2), du 10 janvier 1975 au 22 juin 1990.

“Ah, cette fibre populaire a chiffonné plus d'un intellectuel parisien, incapable d'admettre chez un même homme la cohabitation plurielle des belles lettres, du foot et de la gauloiserie façon Clochemerle. Circonstance aggravante, quand Pivot commença d'« ouvrir les guillemets » sur la chaîne 1, en 1973, il n'exhibait aucun diplôme universitaire et il était l'auteur d'un roman « passé normalement inaperçu » selon lui ; circonstance absolutoire, il prenait le risque de succéder aux lointaines et emblématiques *Lectures pour tous* et de rivaliser avec le turbulent Polac.”

Jean Belot, *Télérama*, juin 2001

Page de gauche, avec Pierre Mendès France, le 23 janvier 1976.
Ci-dessus, *Apostrophes*, le 27 mai 1977, avec Maurice Clavel, Bernard Henri-Lévy, André Glucksmann, François Aubral et Xavier Delcourt. Le thème : « Les nouveaux philosophes sont-ils de droite ou de gauche ? » Cette émission polémique fit couler beaucoup d'encre et rendit célèbres Glucksmann et B.-H.L.

Pendant vingt-huit ans, un écrivain a été pour moi une femme ou un homme dont j'avais lu le dernier livre et que j'avais invité pour que nous bavardions de son contenu et de sa forme. Très chic : je ne recevais que le vendredi soir, uniquement sur rendez-vous."

Bernard Pivot, *Les Mots de ma vie,* éd. Albin Michel

Page de gauche, avec Marcel Jullian, président d'Antenne 2 de janvier 1975 à décembre 1977, pour la remise d'un 7 d'or sur le plateau d'*Apostrophes*.
Ci-dessus, la garde rapprochée de Bernard Pivot à *Apostrophes*: Monique Wendling, assistante de réalisation, Anne-Marie-Bourgnon, l'assistante de Bernard Pivot, et Pierre Boncenne, rédacteur en chef de *Lire*, collaborateur sur *Apostrophes* et *Bouillon de culture*.

Pour la 250e d'*Apostrophes*, le 19 septembre 1980, rencontre avec J.M.G. Le Clézio. Enfin il accepte de passer à la télé (lire ci-contre) ! La deuxième partie de l'émission est consacrée à Jorge Luis Borges.

"Oui, enfin Le Clézio à *Apostrophes* parce que ce jeune homme, le meilleur écrivain français de sa génération, fuit les journalistes, les photographes et les caméras et qu'il a accepté ce que je désespérais jamais d'obtenir : un entretien de quarante minutes (à propos de *Désert*, son dernier et plus beau livre). Il s'exprime sans réticence, avec même un certain plaisir de parler à des millions de personnes. Enfin Borges parce que le vieil écrivain argentin, lui au contraire un prolifique spécialiste de l'interview, était de passage à Paris pour y recevoir le prix mondial Cino Del Duca et que j'ai évidemment saisi l'occasion. Cet « enfin à *Apostrophes* » signifie ma joie d'avoir pu converser avec deux écrivains dont j'admire beaucoup l'œuvre."

Bernard Pivot

Entre la sortie du *Chercheur d'or* et le passage de J.M.G. Le Clézio à *Apostrophes*, il y eut un décalage d'un mois. De sorte que la plupart des critiques, dans l'ignorance que l'écrivain avait accepté mon invitation, soulignèrent son dédain des médias audiovisuels, sa légendaire discrétion, « son refus de se soumettre au rituel commercial de la littérature » (Pierre Lepape). «... Il n'accepte pas de paraître devant les micros et les caméras comme tant de médiocres » (Robert Kanters, *Le Quotidien*). Dans tous les articles il était implicitement dit : celui-là vous ne le verrez pas à la télévision !

Eh bien, si, on l'y a vu ! C'était le vendredi 15 mars et J.M.G. Le Clézio était entouré du poète Jean Grosjean, de l'Uruguayen Eduardo Galeano et d'un jeune écrivain prometteur, René de Ceccatty. De quoi réconforter ceux qui me reprochent de ne pas assez « faire littéraire ».

Résultat : pas un mot dans la presse. En dehors de la mention des invités dans les programmes, pas une ligne le matin même de l'émission, ni le lendemain. Rien, silence total sur la présence de Le Clézio pendant soixante-dix minutes à la télévision, en direct. Seul *Télérama*, sous la signature d'Alain Raymond, rendra compte de l'événement.

Il est vrai que, ce même soir, l'invité du *Jeu de la vérité* est Bernard Tapie, industriel au demeurant sympathique et intéressant, mais qui se multiplie dans les radios et les télévisions comme l'image dans les glaces des coiffeurs. Il n'y en eut que pour lui dans les quotidiens parisiens et les hebdomadaires. Suivant quel critère ? Le chiffre d'affaires, je suppose. Pour ce qui est du chiffre d'affaires, il n'est pas contestable que Bernard Tapie écrase Le Clézio. Mais depuis quand, en France, le talent d'écrire, la gloire en littérature ne compte pour rien, face à la renommée d'un chef d'entreprise ? Tout journaliste parisien (en dehors de ceux de *Télérama*) qui viendra, prochainement, me chatouiller sur la composition des plateaux d'*Apostrophes* risque de passer un mauvais quart d'heure...

Bernard Pivot, « Les Carnets de Bernard Pivot », *Lire* n° 116, mai 1985

Page de gauche, deuxième partie de la 250e d'*Apostrophes*, avec Jorge Luis Borges, à la fondation Del Duca. Il parla de sa conception de l'écrivain, de sa cécité, de son passé de bibliothécaire, de son père…
Ci-dessus, à la rencontre de Lech Walesa à Gdansk, en janvier 1987. Une interview clandestine, organisée grâce au photographe Pierre Cottin, filmée par le journaliste grand reporter Michel Parbot avec une caméra super-8, dans une salle de catéchisme. La pellicule sera expédiée à Paris par le réseau Solidarnosc.

L'équipe d'*Ouvrez les guillemets*, André Bourin, Anne-Marie Bourgnon, Monique Wendling, Gilles Lapouge. Debout, Bernard Pivot et Claude Barma. Bourin et Lapouge, journalistes, interviewaient aussi des auteurs durant l'émission.

“Cela étonnait toujours les auteurs de voir qu'il n'y avait pas de préparation, pas de questions annoncées avant l'émission. Je me souviens d'un auteur de premier roman qui voulait absolument venir avec ses notes. Il a fallu tout le talent de persuasion d'Anne-Marie Bourgnon pour qu'il comprenne. Anne-Marie lui disait: « Vous allez voir, c'est comme à la maison, on s'installe au salon et on discute. »”

Virginie Petracco, attachée de presse aux éditions de L'Olivier, *Lire* n° 296, juin 2001

Avec Vladimir Nabokov, le 30 mai 1975, une émission qui deviendra culte. Tout d'abord parce qu'un des plus grands écrivains du XXe siècle, qui fuyait jusque-là les journalistes, accepte d'être interviewé par Bernard Pivot. Ensuite parce que cet entretien avec l'auteur de *Lolita* est passionnant. Enfin, pour son côté anecdotique mais tellement drôle ! Ce n'est pas du thé dans la théière mais du whisky.

“Au sujet de Nabokov, je lui promets de lui envoyer les questions par écrit, ce qu'un journaliste ne doit jamais accepter de faire. J'ai mis mon orgueil dans ma poche, mon mouchoir par-dessus, c'est comme ça. Et puis j'ai même accepté qu'il lise ses réponses !”

Bernard Pivot

Les rois et reine de la télé en 1982. Philippe Bouvard, Jacques Martin, Bernard Pivot, Pascale Breugnot, Pierre Tchernia, Claude-Jean Philippe et Jacques Chancel.

“Il me semble que la télévision est passionnante quand elle est en direct. Seul le direct retransmet la vie au moment où elle se passe. On ne peut pas couper, on ne peut pas monter, on ne peut pas tricher.”
Bernard Pivot, *Télescopie*, 2009

Ci-dessus, avec Simone Signoret, venue pour son roman *Adieu Volodia*, le 1er février 1985. À sa gauche, Émile Copfermann, auteur de *Pêcheurs d'ombres*. Le thème de l'émission : « À cette époque ».
Page de droite, l'une des plus célèbres émissions d'*Apostrophes*, avec Charles Bukowski, auteur de *Contes de la folie ordinaire*, le 22 septembre 1978. Son thème : « En marge de la société ? » Bukowski est saoul, immaîtrisable, Cavanna, également invité, lui lance un « Ta gueule, Bukowski ! » resté dans les annales de la télévision. Et aussi, l'écrivain américain se lève pour toucher les cuisses de Catherine Paysan, qui s'exclamera « Oh bien ça, c'est le pompon ! ». Bukowski finit par quitter le plateau.

“Foutre le camp. Tant pis pour le bouquin, tant pis pour l'éditeur, tant pis pour la famille serrée dans la lucarne... Foutre le camp !... Trop tard. La musiquette a sonné le départ. Déjà Pivot, par-dessus ses lunettes, a cloué la première victime. Pas moi ! Ouf... Bien regarder. Bien écouter. Faire comme lui. Copier sur lui... Oui, mais on ne voit que sa propre déroute intime, on n'entend que le hurlement de sa panique à soi, tout le reste n'est que lointain ressac sur les galets. Rien à quoi se raccrocher, dans ce monde cannibale, rien... Et, si ! Oh, mais si : les jambes de la voisine d'en face. Il y a toujours, en face, une voisine. Avec des jambes. Malin Pivot ! Miséricordieux Pivot ! Et, finalement, ça ne se passe pas trop mal.”

Cavanna, *Ouf!*, tirage limité à 20 exemplaires, édition spéciale à l'occasion de la dernière émission d'*Apostrophes* le 22 juin 1990, éd. Albin Michel

La 724e et dernière d'*Apostrophes* le 22 juin 1990. À la gauche de Bernard Pivot, Yves Berger et Philippe Labro. À sa droite, Georges Lubin (de dos). Au premier rang, on reconnaît Hervé Bazin, Françoise Mallet-Joris et François Nourissier et, de l'autre côté de la travée, Jacqueline Baudrier. Derrière sa table à l'extrême gauche, Cabu dessine.

louma

Quel plateau ! C’était le 30 mars 1979, de gauche à droite, Anthony Burgess, Alberto Moravia et Günter Grass.

“Je devais d’autant plus être irréprochable, insoupçonnable, que mon travail de journaliste avait pour finalité l’achat d’un produit: le livre.”

Bernard Pivot, *Le Métier de lire*, éd. Le Débat/Gallimard

Angela Davis sur le plateau d'*Apostrophes*, le 16 mai 1975. À 31 ans, elle est une figure politique, une figure de l'université et une féministe convaincue. Elle parle un français impeccable.

Je suis d'un milieu modeste, avec un père ouvrier agricole et une mère femme de ménage. Nous vivions dans deux pièces de dix-sept mètres carrés, un salon et une chambre, installés l'une au-dessus de l'autre. Quand tout le monde dormait à l'étage, je regardais Pivot et son émission. J'y voyais intervenir des philosophes en chair et en os, comme François Châtelet, puis Bernard-Henri Lévy et André Glucksmann. L'idée que la philosophie pouvait être vivante, incarnée par des hommes éventuellement photogéniques, a été d'abord un saisissement puis une véritable joie. J'avais 16 ou 17 ans. Bien plus tard, j'ai franchi la barrière et j'ai été invité à mon tour chez Pivot. Mais de façon inattendue. Quand j'ai publié, en 1989, *Le Ventre des philosophes*, mon éditeur m'a dit : « Cela fera un Pivot. » Rien. Quatre ou cinq bouquins plus tard, toujours rien. Puis un jour, en 1993, un de mes livres, *La Sculpture de soi*, reçoit le prix Essai Médicis. Pour fêter l'événement, Grasset, mon éditeur, organise une petite réception à l'hôtel Lutetia. Dans un autre salon du même hôtel, Actes Sud donnait également une petite réception. Pivot passe. On ouvre des bouteilles, on sert du vin, on trinque, on goûte et l'on boit. Je dis alors : « Mais il est bouchonné ! » Pivot me regarde, acquiesce, puis me dit : « Quoi ! Vous êtes philosophe et vous vous y connaissez en vin, je vous invite. » Et c'est ainsi que je suis arrivé sur le plateau de *Bouillon de culture* à la Noël 1993.

Michel Onfray

1979, l'équipe d'*Apostrophes* à la Brasserie Lipp : Monique Wendling, Pierre Boncenne, Jean Cazenave, Anne-Marie Bourgnon et Jean-François Drouard.

“Nous avions une habitude après chaque émission d'*Apostrophes*: non pas dîner mais souper, parce qu'il était très tard, à la Brasserie Lipp. La première fois que nous y sommes allés, après la première émission, je me souviens qu'un éditeur nous a dit: « Allez, on vous invite ! », et puis, le vendredi suivant, il y avait deux éditeurs qui voulaient nous inviter. J'ai mis immédiatement le holà et je n'ai plus accepté ensuite qu'aucun éditeur invite mon équipe; nous étions six ou huit et ça me paraissait normal que l'animateur offre à ses collaborateurs le repas de fin de semaine, de fin de travail en quelque sorte.”

Bernard Pivot, supplément du *Magazine littéraire*, « Les Années *Apostrophes* par Bernard Pivot », novembre 2015 (propos extraits d'un entretien de Bernard Pivot avec Pierre Assouline, à l'occasion du documentaire *Les Vendredis d'*Apostrophes).

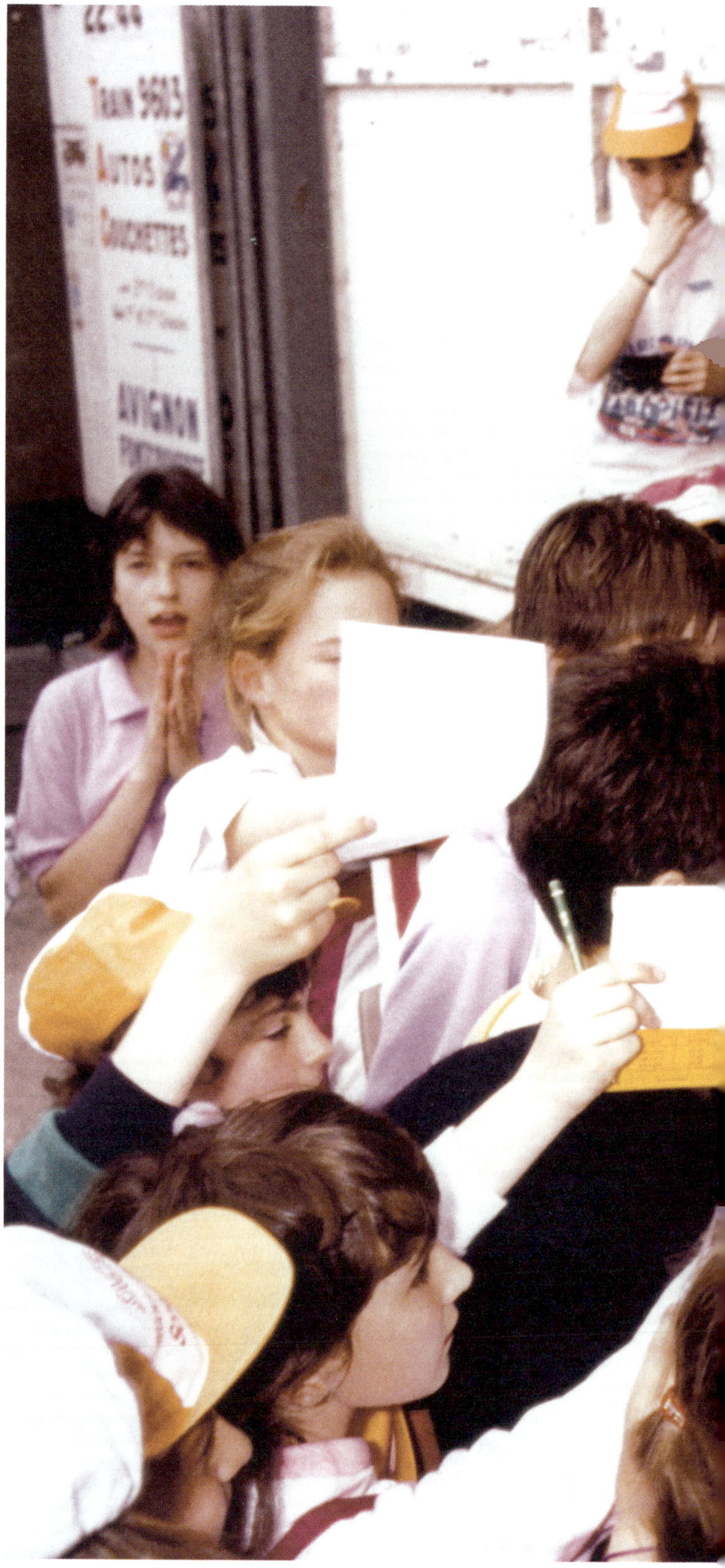

Séance de signature d'autographes pour Bernard Pivot. Sous son bras gauche, la presse du jour, évidemment.

Avec Henri Vincenot, le 30 novembre 1984.

J'adorais Henri Vincenot et j'en avais fait mon « chouchou » – je l'ai dit à l'antenne –, l'invitant même quand son nouveau livre était à l'évidence inférieur à *La Billebaude* ou aux *Mémoires d'un enfant du rail*. [...] Je l'entends encore me parler de la fierté des Bourguignons : « C'est-à-dire qu'ils ont une fierté à rebours; ils aiment dire moins pour qu'on comprenne plus. Ce sont les chevaliers de la litote, les Bourguignons! À une jeune fille qui venait de passer sa nuit de noces, on demande avec finesse "Alors, ça s'est bien passé?"
"Ah! Bah! j'y déteste pas tant!"
Ça c'est bourguignon. Elle n'a pas dit "j'aime ça"; elle a dit "j'y déteste pas tant". »"

Bernard Pivot, *Lire*, juin 1990

Pour la 724e émission d'*Apostrophes,* le 22 juin 1990, Bernard Pivot avait invité sur le plateau quatre-vingts écrivains et deux dessinateurs, Cabu et Wolinski. À la fin de l'émission, il remercia particulièrement certaines personnes qui l'avaient aidé d'une manière ou d'une autre durant toutes ces années, notamment la formidable Mme Reversat, la concierge de son domicile parisien. Pendant une trentaine d'années, c'est elle qui a monté jusqu'à son appartement les paquets de livres, plusieurs fois par jour. Ici avec André Berger, coursier-cycliste pour les maisons d'édition, qui a livré plus d'une fois des ouvrages à Bernard Pivot !

Pour le 2e gala de la presse, le 22 janvier 1985 au Cirque d'hiver, à Paris, Bernard Pivot avait préparé, avec la journaliste Danièle Heymann, un numéro avec de la vaisselle… tout en lisant et en fumant un cigare.

“Comment oublier qu'il aimait Debussy et Saint-Saëns, les poèmes de Maurice Fombeure, la romanée-conti, les roses jaunes, les déambulations parisiennes de Modiano, les hirondelles, les dictées à l'ancienne, les œufs mayonnaise de la brasserie Gallopin, *Le Zizi* de Pierre Perret, Tintin, le chevalier Bayard, les Verts de l'AS Saint-Étienne, la Comédie-Française, Marie Curie, le chant des fontaines à Aix-en-Provence, le mot « peccamineux », les musées d'Italie, les chats et les voix des sopranes.”

Jérôme Garcin, *L'Obs* n° 3111, 16 mai 2024

Ci-dessus, dans l'émission *L'Oreille en coin*, en février 1986.

C'est surtout dans le champ des idées que Pivot représentait un élément dérégulateur et perturbant. *Apostrophes* y a longtemps été tenu pour un mélange de salon parisien et de maison de passe, aussi peu recommandables l'un que l'autre pour un esprit sérieux. [...]"

Pierre Nora, supplément du *Magazine littéraire*, « Les années *Apostrophes* par Bernard Pivot », novembre 2015

Le 29 janvier 1989, Kirk Douglas était sur le plateau d'*Apostrophes* pour ses Mémoires, *Le Fils du chiffonnier*. Il fit preuve ce soir-là d'une grande modestie et d'un humour formidable. Dans l'émission étaient aussi présents Vladimir Volkoff, Philippe Sollers, Jacques Séguéla et Jérôme Garcin.

Page de gauche, avec Jean Ferrat, en août 1986, à l'occasion de la sortie de son album *Je ne suis qu'un cri*. C'est Gérard Meys, producteur imprésario du chanteur, qui a proposé à Bernard Pivot de faire un documentaire sur lui, à Antraigues : interview dans la maison du chanteur et promenade, suivie de plusieurs chansons. Cette émission était indépendante d'*Apostrophes*. Ci-dessus, la couverture de *Télé 7 Jours* Rhône-Alpes en décembre 1987, après la remise des 7 d'or (Bernard est au premier rang à gauche). Il remporte cette année-là celui du meilleur animateur pour les débats et celui du meilleur magazine culturel ou artistique.

Bernard Pivot dans
son bureau, avenue Niel.

ARTHUR

"Pour être franc, je n'avais jamais vécu en France et n'étais donc pas un habitué des émissions de Bernard Pivot. J'ai abordé cette interview en étant désespéré, une façon de me protéger de mon expérience des interviews, particulièrement à la télévision et à la radio. Je fus évidemment halluciné par ce qui relevait en principe de l'impossible : Pivot semblait avoir lu mon livre, ou en tout cas il en avait lu suffisamment pour me poser des questions pertinentes. Et chose encore plus incroyable, je me surpris à passer un très bon moment. Autant que je sache, il n'existe aucun équivalent à Pivot. Les intervieweurs charmants sont en général mal renseignés, et ceux qui sont les mieux renseignés sont souvent sérieux à en mourir. Les livres n'ont jamais eu de meilleur ami, ni les écrivains d'allié plus passionné."

Arthur Miller, supplément au *Journal du dimanche* du 18 mars 2001

Avec Arthur Miller, le 15 avril 1988.

Pour la 500e d'*Apostrophes*, en 1985, *Paris Match* photographie Bernard Pivot sur une pyramide de livres.

"Je suis une sorte de lecteur janséniste qui considère qu'il ne faut pas cumuler les plaisirs du corps et de l'esprit, en l'espèce souvent opposés et même rivaux. Être physiquement ni bien ni mal, être absent de sa carcasse pour être le plus présent possible dans les mots de l'écrivain. Seuls gestes autorisés : tourner les pages, prendre le stylo, écrire dans la marge ou sur une feuille."

Bernard Pivot, *Lire !*, éd. Flammarion

CLAUDE SARRAUTE
SIMONE SIGNORET
Adieu Volodia
Lucien BODARD

Le thème d'*Apostrophes* le vendredi 5 mars 1976, « Champion, star ou prophète ? », avec Mohamed Ali, qui s'emporte notamment contre Jean Cau : « Vous, quand vous me regardez, je vois quelque chose que je n'aime pas, pas du tout, pas du tout », lui dit-il en le montrant du doigt.

Michel Serres pour un spécial *Apostrophes* en Californie, à l'université de Stanford, en mai 1989. « Qu'est-ce qu'un philosophe ? », lui demande Bernard Pivot. « C'est un voyageur », répond Michel Serres.

“Pivot cherchait le scandale ? Tant mieux ! Il savait que la littérature était menacée et voulait entretenir le mythe. Il était peut-être un indice de bonne santé de la démocratie française. Sans lui, on ne sait plus s'engueuler avec respect.”

Frédéric Beigbeder, *Le Figaro Magazine*, 2023

> Elle était très belle évidemment, mais ce qui m'a séduit surtout en elle, c'était le son de sa voix et son accent américain. Elle était irrésistible !"
>
> Bernard Pivot

Ci-dessus, Bernard Pivot a du mal à résister à Jane Fonda, sur le plateau d'*Apostrophes*, le 31 mai 1985, pour une émission dont le thème est « Le corps ». À tel point qu'il délaisse un peu trop, ce soir-là, ses autres invités : Jacques de Langlade, Éliane Perrin, Léon Schwartzenberg et Georges Vigarello. Il avoue qu'il a commis une faute professionnelle.

"Parmi les motifs de rendre grâce à Bernard Pivot, le principal des miens : il est celui qui a donné une tribune, et quelle tribune, à Simon Leys, à une époque où dénoncer le maoïsme était interdit par l'intelligentsia européenne. Cet acte d'authentique courage, dont les conséquences furent significatives, mérite toute notre admiration."

Amélie Nothomb, *Lire*, juin 2024

Voici la première photo mystère de ce livre… On devine à la droite de Bernard Pivot, Monique Pivot, mais qui est cette femme brune à sa gauche, et qui est ce bébé ? En tout cas, l'humeur est joyeuse dans la voiture.

“« Sur le bac, vous êtes drôlement attifée. » Dix-sept ans après cette interview culte de Marguerite Duras, prix Goncourt 1984 pour *L'Amant*, la phrase de Bernard Pivot est devenue un « collector ».”

Laurence Benaïm, *Lire* n° 296, juin 2001

Page précédente, l'un des plus célèbres tête-à-tête de Bernard Pivot avec un écrivain sera celui avec Marguerite Duras, le 28 septembre 1984, en direct. *L'Amant* vient de paraître et c'est déjà un immense succès en librairie. Ici, avant que l'émission ne commence.
Ci-dessus, le 7 décembre 1979 dans le Maine aux États-Unis, Marguerite Yourcenar reçoit Bernard Pivot chez elle, dans sa propriété baptisée La Petite Plaisance, à l'occasion de la sortie des *Mémoires d'Hadrien*. Elle sera la première femme à être élue à l'Académie française le 6 mars 1980.

Arrivée dans les studios télé, le 7 octobre 1988.

“Concentré sur lui-même et sur le spectacle qui commencera dans une heure, l'homme à la valise ne voit personne. Seulement: « Salut Lucien », « Salut Jean. » L'intéressé, en général, se demande si l'homme l'a vu, tant il semble ailleurs. Si quelqu'un essaye de lui adresser la parole, il l'évince poliment : « Soyez gentil, après l'émission. » Anne-Marie Bourgnon et Renée Bernard, ses assistantes, s'approchent. Elles font partie du rite. Elles, il les voit. Il leur parle. Il se débarrasse au hasard de la gabardine foncée qu'il porte en hiver, serrée à la taille, comme dans les films de Bogart. Pas d'organisation sophistiquée sur ce plateau, de mise en scène savante, de répétitions compliquées. Il pose sa valise sur le fauteuil, d'où il présidera l'émission, ou sur l'un des deux cubes qui serviront de présentoirs aux livres, de chaque côté du fauteuil. Le premier acte peut commencer.”

Lucien Chiaselotti, *Dans les coulisses d'*Apostrophes, éd. Presses de la Cité

"Vous savez, je suis un homme de non-week-end, comme on dit non-livre. D'abord, samedi, c'est jour d'hébétude ; le vendredi soir l'émission m'énerve et puis nous allons dîner chez Lipp avec toute l'équipe et nous nous couchons tard. Le lendemain matin, je traîne d'une pièce à l'autre, je parcours les bonnes feuilles que m'envoient les éditeurs (extraits des prochaines parutions), je vais changer la voiture de place et je lis la presse. J'aime ça. Pas vous ? Je pense qu'un journaliste doit la lire. Puis je déjeune, et l'après-midi je lis encore. Parfois je vais dîner chez un copain, comme ce soir, et le dimanche s'il y a un match de foot, j'y vais. J'aurais voulu être footballeur professionnel ! Et il y a la famille, bien sûr. Pas de week-end comme on l'entend à la campagne."

Bernard Pivot, « Un week-end avec Bernard Pivot », *Le Matin*

Bernard Pivot sur le plateau d'*Apostrophes*. Travailleur acharné, lecteur insatiable, il a eu pour meilleurs alliés sa curiosité, sa modestie et son culot.

Faire un portrait de Bernard Pivot, c'est pas facile pour moi. Il y a en lui autre chose. Il y a un bon copain, il y a un buveur de beaujolais, un amateur de bons repas, un joyeux luron, et j'ai le souvenir d'un congrès des farces et attrapes qu'il a organisé dans son village de Quincié-en-Beaujolais qui est une chose mémorable dans tout le pays ! Il aime beaucoup le festival de l'andouillette et du foie gras : c'est le plus grand gourmand que j'ai jamais rencontré.

Il faut dire aussi que c'est un garçon très d'aplomb, qui a les pieds sur terre, qui a l'esprit très vif, très rapide, qui est un peu sceptique. Il y a parfois en lui un fond de mélancolie, mais ça il faut être très ami avec lui pour le discerner. Il y a en lui une sorte de Socrate, avec un petit côté Molière et peut-être Cyrano de Bergerac. Il excelle à trouver chez ses contemporains le ridicule, la prétention. Mais ça, il le fait sans méchanceté. Il aime bien coincer les gens. De temps en temps, il fait un petit croche-pied aux institutions. Par exemple, il adore faire un pied de nez à l'académie Goncourt ou aux dames du Femina.

Et puis je lui dois aussi, personnellement, la plus belle appellation de ma carrière d'écrivain : à un moment où je loupais tous les prix littéraires et où j'arrivais second, il a écrit quelque part : « Sabatier, c'est le Poulidor de la littérature. » Alors je dois dire que Pivot, pour moi, c'est cette formule, parce que c'est un homme qui a le sens des formules, qui a le sens de l'amitié et qui a surtout une grande pénétration d'esprit. Il sait juger les êtres, il sait les observer, il sait provoquer des réactions et je crois que, quand on fait le métier qu'il fait, c'est absolument indispensable. Mais j'ajoute qu'il y met toujours de la sympathie et de la chaleur humaine, et que c'est le contraire d'un homme méchant.

Robert Sabatier, Europe 1, le 29 juin 1976

Robert Sabatier fut l'un des rares amis auteurs de Bernard Pivot quand il était journaliste à la télévision. Il y eut aussi Jorge Semprun et Jean Chalon.

Avec Raymond Aron, le 23 septembre 1983.

APOSTROPHES
Raymond ARON

Avec Jean d'Ormesson, probablement à Roland-Garros. Ils furent complices et amis.
À la télévision, ils formaient un duo exceptionnel, et tous deux le savaient.

“Il représentait pour moi l'esprit français, la séduction par la littérature et la culture.”
Bernard Pivot à propos de Jean d'Ormesson

Mais où est Bernard Pivot ? En France ? À l'étranger ?
Voici donc la deuxième photo mystère…

[…] Sa force d'airain : il n'était sensible ni à l'argent, ni aux honneurs. Sous des dehors débonnaires, il était le contraire d'un homme ordinaire."

Marie-Laure Delorme, *Paris Match*, 8 mai 2024

Ci-dessus, Bernard Pivot dans l'entrée de son appartement, avenue Niel. Derrière lui se trouvent les piles de livres qui étaient à donner. Régulièrement, les piles s'effondraient quand quelqu'un tentait de prendre un livre qui se trouvait trop bas… Page de droite, le 6 novembre 1981, à Lausanne chez Georges Simenon, qui vient de publier ses Mémoires. « Cet homme m'intriguait, a dit Bernard Pivot. Toutes ces légendes sur lui, la vérité… où commençaient les fantasmes… Au fond, les gens nourrissaient des fantasmes autour de Simenon et lui-même est un homme plein de fantasmes. Ses Mémoires sont du gibier de psychanalyste ! »
Extrait des *Grands Entretiens de Bernard Pivot*, vol. 3, éd. Montparnasse

“Avec le temps, les nœuds de cravate un peu trop généreux ont perdu du volume, les accidents chromatiques se sont estompés. Mais Bernard Pivot, fidèle à lui-même, vrai-faux profane contre les ermites, l'homme qui a su affronter Albert Cohen et sa robe de chambre de soie, Georges Simenon et sa chemise américaine nouée d'un bolo tie, ou Marguerite Yourcenar et son étole de soie, garde toujours cette manière d'engager un duel avec sa propre apparence, comme pour mieux la défier, et la faire oublier, ne laissant de lui que l'image d'un homme seul passionnément engagé dans une conversation qu'il rend accessible à tous.”

Laurence Benaïm, *Lire* n° 296, juin 2001

Bernard Pivot qui était un homme d'un caractère aimable et ouvert, et même affable, détestait cependant qu'on tente d'influencer ses choix. Aussi les interventions étaient-elles malvenues. On prenait le risque de ne plus être invité. Pourtant un jour, ayant écrit un livre, *Omar. La construction d'un coupable*, dans lequel je défendais l'innocence d'Omar Raddad, je pris ce risque. J'allai le trouver à son bureau d'Antenne 2, avenue Montaigne. J'avoue que je n'en menais pas large. Heureusement je le croisai à l'entrée de l'immeuble. De but en blanc, je lui exposai les raisons de ma demande : le cas d'Omar Raddad, qui croupissait alors dans sa prison, dépassait ma personne et me donnait une audace que je n'aurais certainement pas eue en d'autres circonstances. Il faut croire que mes arguments portèrent car une semaine plus tard j'étais invité sur le fameux plateau de Pivot. Soudain, un soir, au fond de sa prison, le malheureux innocent, à peine rescapé d'une tentative de suicide, eut le réconfort de voir qu'il n'était pas seul, que des millions de téléspectateurs étaient alertés sur son sort.

Quand, bien des années plus tard, je reparlai de cet épisode avec Bernard Pivot, celui-ci, tout en s'amusant du risque que j'avais pris, me dit : « Je ne regrette pas d'avoir cédé devant cette intervention, car s'il m'est arrivé souvent d'être utile aux écrivains dans la destinée de leur livre, cela m'a donné cette fois une occasion d'être bon. » Si j'évoque cette anecdote bien lointaine, c'est pour montrer que si cette émission est devenue légendaire, ce n'est pas seulement à cause des incontestables qualités professionnelles de son créateur, de l'esprit de liberté qui lui évitait tout sectarisme, mais aussi de son humanité qui faisait un heureux contraste avec la sécheresse du monde intellectuel. Bernard Pivot n'était pas seulement un arbitre et un juge de la vie littéraire : il avait un cœur.

Jean-Marie Rouart, *Le Figaro*, 8 juin 2023

Bernard Pivot dans un train, un livre dans une main, un stylo dans l'autre.

Anne-Marie Bourgnon, le bras droit de Pivot, la Providence des néophytes, l'ange gardien des élus, écrasés par l'angoisse. Merci, Anne-Marie."

Jean d'Ormesson, supplément au *Journal du dimanche* du 18 mars 2001

Page de gauche, Anne-Marie Bourgnon, qui a travaillé auprès de Bernard Pivot de 1970 à 2024. Pour la dernière d'*Apostrophes*, une soirée eut lieu au siège de Paribas, rue d'Antin, à Paris. Citons quelques invités parmi les 2 000 : Françoise Verny, Jorge Semprun, Robert Badinter, Yves Montand, Alain Peyrefitte, Jean Lecanuet... Aux fourneaux, les chefs étoilés Paul Bocuse, Alain Chapel, Georges Blanc et Pierre Troisgros. Aussi, une exposition était consacrée à l'émission et il y eut une vente aux enchères des décors d'*Apostrophes*, que l'on peut toujours voir à la Fnac Étoile.

Alexandre Soljenitsyne, l'auteur de *L'Archipel du goulag*, avec sa femme, Natalia. Devant eux, le matériel que l'écrivain récupère dans des livres et des journaux, « tout palpitant de la vie de notre époque », dit-il à Bernard Pivot, et que Natalia trie. Bernard Pivot rappellera par la suite, dans des interviews, le rôle essentiel de Natalia auprès de l'écrivain.

C'est en 1983 que l'animateur d'*Apostrophes* rencontre Soljenitsyne, dans sa propriété du Vermont. Avec eux deux, Nikita Struve, traducteur, et vêtu d'un pardessus, l'éditeur de l'écrivain russe, Claude Durand, p.-d.g. des éditions Fayard.

Bernard Pivot et John le Carré font connaissance en 1987 à Capri, où chacun d'eux est venu recevoir un prix. Deux ans plus tard, John le Carré viendra enfin à *Apostrophes*! Cette photo était l'une des préférées de Bernard Pivot.

Page précédente, chez Alexandre Soljenitsyne, dans le Vermont. « J'ai rencontré Alexandre Soljenitsyne quatre fois, quatre moments extraordinaires. Avant même de l'inviter dans *Apostrophes*, le 11 avril 1975, je lui avais consacré, fin 1973, au moment de la sortie de *L'Archipel du goulag*, l'une des émissions d'*Ouvrez les guillemets*. » Bernard Pivot, *L'Express*, 7 août 2008

Valéry Giscard d'Estaing, le 27 juillet 1979. Pour la première fois, un président de la République en exercice vient parler littérature sur un plateau de télévision. Son écrivain préféré ? Maupassant.

“Ce grand intuitif ne se résumait pas à son côté bonhomme. J'ai toujours soupçonné en lui un pays secret où il ne laissait personne entrer. Je lui trouvais sur ce point quelque chose du chat.”

Irène Frain à propos de Bernard Pivot, *Lire,* juin 2024

Avec François Mitterrand, président de la République, en 1995. Le 7 février 1975, le premier secrétaire du Parti socialiste avait déjà été invité sur le plateau d'*Apostrophes* pour son roman *La Paille et le Grain*.

“Il parla avec un brio incomparable de Lamartine, Saint-John Perse, Jules Renard, Jacques Chardonne, Jean Cocteau, Maurice Barrès, etc. Mais, c'est dans son envolée finale – dix minutes d'une traite – sur *Le Désert des Tartares*, de Dino Buzzati, qu'il fut le plus éblouissant.”

Le Métier de lire, de Bernard Pivot, éd. Le Débat/Gallimard

Il était homme de rebonds. À peine a-t-il interrompu *Apostrophes* qu'il revient en 1991 avec *Bouillon de culture*, maintenu à l'antenne jusqu'en 2001, pour clore en 2005 ses apparitions télévisuelles avec *Double je*, une série d'entretiens rassemblant des écrivains de la francophonie. En état de sacre, titulaire de sept 7 d'or, l'augure national avait aussi conforté sa légende avec les Championnats de France d'orthographe – devenus les Dicos d'or –, la célèbre « dictée de Pivot », avant d'intégrer en 2004 le jury de l'académie Goncourt, à la présidence de laquelle il succéda en 2014 à Edmonde Charles-Roux. Toujours primesautier, le Pivot des dernières années avait accordé sa verve à ces tweets laconiques et poivrés dont il était devenu un pourvoyeur attitré."

Marc Lambron, membre de l'Académie française, *Le Point*, 9 mai 2024

Page de gauche, Yves Montand, invité cinq fois sur le plateau d'*Apostrophes* et de *Bouillon de culture*. En 1983, 1986, 1987, 1990 et 1991. Ci-dessus, en 1998 à l'Hôtel Royal de Deauville, il reçoit Steven Spielberg à *Bouillon de culture* pour la sortie de son film *Il faut sauver le soldat Ryan*.

En 2001, avec Edmonde Charles-Roux venue parler de son livre *L'Homme de Marseille* (sur son mari, Gaston Defferre) pour un *Bouillon de culture* en tête à tête. C'est elle qui a souhaité que Bernard Pivot lui succède à la présidence de l'académie Goncourt.

Bouillon de culture spécial Sarajevo en 2001, dans la Bibliothèque nationale, incendiée par les Serbes en 1992. Seuls 10 % des ouvrages ont pu être sauvés. Les invités principaux de cette émission : Enki Bilal, Hanifa Kapidzic et Jorge Semprun.

“Mon ambition n’a jamais été tournée vers l’avenir. Elle s’est toujours concentrée, de semaine en semaine, sur le présent.”

Bernard Pivot, *Les Mots de ma vie*, éd. Albin Michel

Éric-Emmanuel Schmitt, juré de l'académie Goncourt.

Lorsqu'il a pensé que j'étais un bon dramaturge, ma concierge, mon coiffeur, mon buraliste, des oncles et des tantes oubliés depuis l'enfance l'ont pensé aussi. Certains sont même allés le vérifier au théâtre, mais le virus de leur opinion était déjà incubé. Cet homme est dangereux car hautement épidémique. Il modifie radicalement votre vie sociale. M'ayant une fois placé à côté d'un lama tibétain, il m'avait trouvé un peu « bouddhiste », ce qui me valut deux ans de « Bouddha » comme surnom. Une autre fois, il me fit jouer au piano les *Variations énigmatiques*, ce qui me condamna pendant deux ans à avaler rapidement mon dessert afin de me rendre au piano pour satisfaire l'hôtesse téléphage. Une autre fois, il me fit avouer que, si je devenais un animal, je souhaiterais être le chat de la personne que j'aime, ce qui me valut des monceaux de lettres envoyés par des femmes qui possédaient justement des chats.

C'est ce fléau que je vais regretter. Tout d'abord parce que je l'aime, comme spectateur et comme écrivain, ensuite parce que je n'ai pas encore eu le temps de lui montrer comme j'étais bon au trapèze, à la pelote basque et à la nage synchronisée.

Éric-Emmanuel Schmitt, supplément au *Journal du dimanche* du 18 mars 2001

Cabu a fait de nombreux dessins de Bernard Pivot et de ses émissions. Il était d'ailleurs présent à la dernière d'*Apostrophes*, avec Georges Wolinski.

C'est ce mélange de joyeuse tendresse et de vacherie – « une jolie fleur dans une peau de vache », que chantait Brassens – qui fait la singularité de Cabu, Docteur Pétille et Mister Aïe."

Bernard Pivot, *Le Journal du dimanche*, 9 décembre 2001

Berrnard Pivot aimait bien imiter l'inspecteur
Columbo, interprété par Peter Falk.

Bernard Pivot était allé rendre visite à Michel Tournier dans son presbytère de Choisel, dans la vallée de la Creuse. La photo a été prise par Marie Dabadie, l'ancienne secrétaire de l'académie Goncourt.

“Michel Tournier est venu dix-sept fois dans mes émissions. Devant les caméras il était parfaitement lui-même, enjoué, profond, provocant, paradoxal, émouvant ou amusant, toujours avec son élégant sourire. Le 15 mars 1992, il était l'invité principal de *Bouillon de culture* pour son livre *Le Crépuscule des masques*. Un étudiant a surgi pendant l'émission, armé d'un couteau, menaçant de se suicider si Lionel Jospin ne retirait pas sa loi sur l'enseignement. Après six ou sept longues minutes de négociation, il a jeté le couteau et il est parti. Quelques jours après, Michel Tournier m'a appelé au téléphone pour me dire : « Jamais je n'ai autant été humilié que pendant votre émission. Pas une fois, cet étudiant ne m'a regardé, ni interpellé. Il n'a parlé qu'à vous ! Pas une fois il ne m'a menacé. Pour lui je ne comptais pas ! C'était très humiliant ! » Tournier était-il sincère ou facétieux ?”

Bernard Pivot, *Le Journal du dimanche*, 24 janvier 2016

Il s'agit de faire le portrait d'étrangers (certains naturalisés français) qui, soit en France, soit hors de nos frontières, ont été amenés – par plaisir, par filiation, par nécessité (réfugiés politiques), etc. – à écrire, à jouer ou à travailler en français, ou encore à explorer dans leur langue la culture française.

Ils sont écrivains, historiens, metteurs en scène, comédiens, musiciens, professeurs, couturiers, cuisiniers, etc.

J'ai toujours été fasciné par ces hommes et ces femmes qui, souvent dans des conditions difficiles, ont ajouté notre langue et notre culture à leur langue et à leur culture originelles.

J'ai eu le plaisir de recevoir, à *Apostrophes* ou à *Bouillon de culture*, certains plusieurs fois, des personnages, venus de l'étranger, qui se sont imposés aux premiers rangs de la création en France : Henri Troyat, Julien Green, Jorge Semprun, Hector Bianciotti, Jorge Lavelli, William Christie, Karl Lagerfeld, etc.

Mais beaucoup d'autres, la plupart bien plus jeunes, sont peu ou mal connus, et pourtant leur aventure, leur réussite ou leur œuvre mérite le coup de projecteur de la télévision. Il se dégage de l'itinéraire de ces gens-là un stimulant optimisme. Ce sont des exemples d'intelligence et de courage. On aimerait les entendre se souvenir, raconter, témoigner de leur double je.

Le monde est aussi rempli d'hommes et de femmes qui, dans leur langue, se sont passionnés pour la culture de notre pays. Exemples : le Polonais Bronislaw Geremek, les Anglais Julian Barnes et Theodore Zeldin, l'Italien Pietro Citati, l'Américain Eugen Weber, etc.

À côté de ces noms prestigieux une foule d'écrivains, de traducteurs, de journalistes, de professeurs, de diplomates, etc. ont le regard tourné vers Paris. Que ce soit à New York, à Rio, à Varsovie, à Rome, à Moscou, au Caire ou à Hanoï, des hommes et des femmes ont, avec éclat ou modestement, investi une partie de leur vie dans la culture française. Il faut les y trouver et présenter au public francophone les plus étonnants, les plus admirables. C'est d'ailleurs à l'étranger qu'on fera le plus de surprenantes découvertes, comme ce maître d'hôtel berlinois, rencontré à la fin de l'année dernière, qui, avec un léger accent, parlait avec distinction des écrivains français du XVIIIe siècle, ou ces femmes de Tbilissi qui savent par cœur du Flaubert et du Baudelaire.

Bernard Pivot, note d'intention pour sa nouvelle émission, *Double je*

Page de gauche, *Double je*, avec Alberto Manguel, diffusé le vendredi 25 novembre 2005. L'entretien avait été enregistré quelques jours auparavant, dans la grange d'un ancien presbytère qu'Alberto Manguel habitait dans le village de Mondon, dans le Poitou. L'auteur d'*Une histoire de la lecture* avait installé dans cette grange sa fabuleuse bibliothèque. Celle-ci a été reconstituée, sur ses indications, lors de l'exposition *La Bibliothèque, la nuit* en 2017, à la BNF.
En haut, Bernard et Jean-Marc Roberts, éditeur de Vassilis Alexakis, écrivain grec d'expression française. Ce *Double je* a été diffusé le jeudi 27 mars 2003.
Ci-dessus, avec Brian Molko, le chanteur du groupe Placebo.

En haut, en Angleterre, à Douvres, où Bernard Pivot était venu interviewer Julian Barnes pour *Double je* en mars 2005. *Double je* a débuté le 24 janvier 2002 et s'est terminé le 6 janvier 2006. Il y a eu 37 émissions en quatre ans, 152 « double je » issus de 43 pays. De nombreux tournages ont eu lieu à l'étranger (il n'y avait pas de plateau commun, chaque invité étant interviewé dans son environnement). Cette émission fut l'occasion pour Bernard Pivot, après des années de studio, de voyager.
Ci-dessus, avec Anne-Marie Bourgnon à la dernière de *Double je*.

La dernière de *Double je*, avec son grand ami Érik Orsenna qui, a commenté Bernard Pivot avant l'émission, « s'est toujours passionné pour les échanges culturels et la promotion de la langue et de la culture françaises, et réagira sur les réponses et les commentaires des *Double je* sélectionnés ». Au programme : un florilège de toutes les émissions.

“C'est un grand chasseur de ridicule. Il rit énormément des vanités. Il regarde le spectacle du monde extrêmement amusé.”

Érik Orsenna, *Thé ou Café*, 2017

De Bernard et de Pivot,

carte de presse n° 17316

par **Pierre Assouline**,
carte de presse n° 36871

Un dimanche pas comme les autres. Il est 17 heures. La France vit à l'heure du ballon rond et des élections municipales. L'équipe de Marseille vient juste de remporter la Coupe, les bureaux de vote s'apprêtent à fermer. Nous sommes le 5 mai 1935 à Lyon, cette ville merveilleuse où l'on mange à l'heure des repas. À la clinique de la Croix-Rousse, le docteur Rochet se dépêche de mettre au monde le petit Bernard. Aussitôt, la rumeur serpente dans les vignobles du Beaujolais : « Le Pivot nouveau est arrivé ! » De cette journée historique, Bernard Pivot conservera une franche détestation de la politique, un goût immodéré pour le football et une inclination chronique pour le jus de raisin à 13 degrés. Tout le reste n'est que littérature.

Selon des informations dignes de foi recoupées à différentes sources, dans son biberon il n'y avait que du lait. L'image de la mère, une femme du Rhône née Marie-Louise Dumas, évoque en lui des réminiscences généralement gastronomiques : éloge du gras-double, apologie de la poularde demi-deuil…

Charles Pivot, un homme de la Loire, tient une épicerie. Mais, dans la mémoire de l'adolescent, il est toujours associé au stade, lieu géométrique de tous ses bonheurs. Père et fils sont parfaitement complices. C'est son père qui lui achète ses premières chaussures à crampons, lui qui l'emmène le dimanche au match, lui qui lui fait découvrir les joueurs de Saint-Étienne en faisant le voyage au stade Geoffroy-Guichard, lui qui lui fait partager son goût du jeu à XIII. Car la vraie religion de cet enfant de chœur, c'est le sport. Il a du football plein la tête. Même s'il est un joueur moyen mais tenace. Ses humanités, il les a d'abord faites au stade. C'est là que se sont dessinées pour toujours les courbes de son caractère : celui d'un individualiste à l'esprit d'équipe, d'un timide qui a le goût de la compétition en toute chose.

Bernard a cinq ans quand les Allemands envahissent la France. En l'absence du père, prisonnier outre-Rhin, la mère

Il aimait passionnément les livres, le football et le vin. Ils lui offrirent tout au long de sa vie des moments d'intense bonheur et le goût des autres.

juge que sa petite famille sera plus à l'abri derrière un rempart de pieds de vigne. L'itinéraire de Lyon à Quincié-en-Beaujolais n'est pas long, mais se traduit par un séjour durable. Bernard Pivot ne rate guère de vendanges en vingt ans. L'école communale enregistre les premières fautes du futur organisateur des Championnats du monde d'orthographe, le pensionnat Saint-Louis les ratifie. Le lycée Ampère prend acte de sa nette préférence pour le terrain de sport et la faculté de droit de Lyon consacre cette tendance à l'issue de la première année d'études, qui sera aussi la dernière. L'élève est très moyen. Sur le conseil d'un camarade, il a suivi des cours pour devenir inspecteur des contributions. Au bonheur du fisc ! Il ne persévère pas dans cette voie. Ce garçon aussi gai que réservé donne l'impression de toujours s'en sortir *in extremis*. Par la chance, le sens de l'humour et l'intelligence des situations. Pas encore par le travail même si, depuis des années, il aide son père à l'épicerie, enfourchant à tout moment son triporteur pour « livrer la flotte et le pinard ». Dix-neuf ans et complètement désorienté. L'armée ne veut pas de lui. Les copains, les filles, le sport… Le grand déclic se produit quand le provincial se décide enfin à monter à Paris. Il prend une chambre à 200 mètres de la gare de Lyon, au City Hôtel, le premier rencontré en débarquant du train. Et il n'en bougera plus pendant un an. Par manque d'assurance. Pour rester plus près de Lyon. Prêt à y rentrer au plus tôt.

Le jeune homme est curieux, éclectique, autodidacte. Que faire ? Journaliste. Pourquoi ? Bon qu'à ça. Ses deux années d'apprentissage au Centre de formation des journalistes (CFJ) achèvent de le transformer. Le moment clé où tout a basculé est celui de cette double révélation : une ville fascinante et un métier passionnant. Dans sa mémoire, les deux s'amalgament et symbolisent l'époque où il a engagé son existence : « J'ai pris conscience que c'était la chance de ma vie et que je me devais de la saisir. » Le lycéen laborieux s'est métamorphosé en étudiant appliqué. Preuve que cette voie est vraiment la sienne. « Bernard était le type même du bon élève discret, se souvient Guy Kédia, futur sportif en chef à RTL. Il rendait ses devoirs à l'heure. C'était toujours bien propre, bien ordonné, bien rédigé. Il avait de bonnes notes. Mais, hors l'école, il était resté provincial, ne frayant avec aucun clan. » Durant un stage de quelques mois au secrétariat de rédaction du *Progrès de Lyon* aux côtés de Bernard Clavel, un écrivain débutant qui corrige la copie des autres tout en publiant *L'Ouvrier de la nuit*, il écrit lui-même un roman. *L'Amour en vogue* (Calmann-Lévy, 1959) révèle son attachement aux fêtes foraines de son enfance, sa fascination pour le métier de gratteur de têtes dans les trains fantômes, et un joli brin de plume. Mais, en dépit de ce livre et d'une poignée d'autres (recueil de chroniques, essai sur les critiques littéraires, célébration du beaujolais et de l'équipe de Saint-Étienne), il restera toujours assez lucide pour ne pas confondre son stylo de journaliste avec une plume d'oie. Il sait qu'à côté d'Antoine Blondin, l'un de ses maîtres à écrire, il n'est encore qu'un blondinet.

Avec une semblable bibliographie à leur actif, d'autres n'hésitent pourtant pas à se pousser du col et à se poser en hommes de lettres. Pas lui. Par principe et par honnêteté, il persistera toujours à se présenter comme journaliste, son seul et unique métier, quelle que soit la forme sous laquelle il le pratique. Journaliste, sa fierté à jamais. Le proclamer une vie durant malgré des succès divers et variés dans différents domaines, ce sera sa manière de demeurer fidèle à ses rêves de jeunesse. Journaliste, un mot dont il s'acharnait à conserver les lettres de noblesse quand la doxa en avait fait une assignation méprisable.

À vingt-trois ans, quand il se décide enfin à pousser pour la première fois la porte du grand journal au rond-point des Champs-Élysées, il est encore sous le charme de la mythologie balzacienne du journalisme. En 1958, *Le Figaro* vit à l'heure des grands duels entre le patron, Pierre Brisson, et le rédacteur en chef du « *Littéraire* », Maurice Noël, auquel le liera toute la vie une admiration affectueuse (son portrait figurait encore en bonne place posé sur un rayonnage de bibliothèque à l'entrée de son dernier appartement, rue de Sèvres, afin que nul visiteur ne l'ignore). C'est ce dernier qui auditionne l'impétrant. Quelques minutes lui suffisent pour comprendre que le jeune Pivot connaît mieux l'aire d'appellation beaujolais-villages que le catalogue de la collection de la Pléiade. Or M. Noël est justement très sensible à cette dilection. Engagé ! Il est lancé. Carte de presse n°17316.

Mais qu'est-ce qui fait courir Bernard ? Pas la littérature, pas encore. Pas même les livres. L'information, plutôt. Sa vraie passion, sa drogue, son opium des bons et des mauvais jours. Longtemps après, étant devenu Bernard Pivot, il mettra un point d'honneur à se définir rétrospectivement comme un courriériste littéraire, catégorie de la presse qui fleure bon celle du XIXe siècle : « Celui qui court la ville pour rapporter des informations. » Ses articles, sa chronique, bientôt sa page du *Figaro littéraire* sont truffés d'échos impertinents et d'indiscrétions savoureuses, de rumeurs de Goncourt et de projets d'écrivains. Très vite dégrossi, le provincial se mue en parfait Parisien, familier des cocktails littéraires et des antichambres des éditeurs. L'un de ses meilleurs informateurs, chef des services littéraires de Plon, écrit des romans mais les garde encore dans ses tiroirs : « Il était très sympa et très utile, Michel Tournier, mais j'ignorais totalement qu'il écrivait », reconnaîtra Pivot bien plus tard. Sa personnalité s'affirme, son humour se débride, ainsi que son goût de la farce et de la provocation tranquille. On imagine le malicieux indiscret du *Figaro* dans les salons du faubourg Saint-Germain, lors de la présentation à de prestigieux écrivains :

« Martin du Gard…

— Pivot du Rhône… »

Seize ans après ses débuts, Jean d'Ormesson, le directeur du *Figaro*, songe sérieusement à lui confier la rédaction en chef du *Littéraire*. Jean Prouvost, le grand patron, y est favorable. Il tient Pivot en haute estime. « Ce fut un déluge de protestations : le Tout-Paris intellectuel, l'Académie, Jacques de Lacretelle en tête, jusqu'à Malraux en personne… J'ai battu en retraite », avouera Jean d'O. Il faut dire que l'élu n'a pas bonne réputation auprès des institutions : on le sait ennemi des renvois d'ascenseur, incorruptible, irrévérencieux, inattendu, incontrôlable, même si, en se frottant aux usages des coulisses parisiennes, il a su se montrer rusé comme un paysan, fin manœuvrier et habile tacticien, porté au compromis quand la situation l'exige.

Il s'en va et fait construire une piscine dans sa propriété de Quincié-en-Beaujolais avec ses indemnités de départ. Puis il fait apposer une plaque : « Piscine Jean-d'Ormesson. » Ça, c'est Pivot. Le clin d'œil, le panache et l'humour. De son passage au *Figaro*, il conservera l'immense satisfaction d'avoir appris son métier, une reconnaissance éternelle envers Maurice Noël et l'habitude d'écrire exclusivement sur du papier rose et lisse.

La suite est mieux connue : un an de galop d'essai à l'ORTF avec *Ouvrez les guillemets*, puis, à partir de 1975, deux magazines sur (tous) les livres, qu'il lance de conserve, l'un à la télévision (*Apostrophes*), l'autre dans les

Bernard Pivot a invité Tom Wolfe à *Apostrophes* pour *Le Bûcher des vanités* le 9 septembre 1988. Le thème ce soir-là était « Les livres du mois », avec aussi Didier Eribon, J.M.G. Le Clézio et Claude Lévi-Strauss.

kiosques (*Lire*). Dix à douze heures de lecture par jour, un stylo à la main, pendant quinze ans.

Un artisanat qui relève du grand art.

Son secret ? Être soi-même. Ce qui tombe bien, tous les autres étant déjà pris, comme le disait Oscar Wilde.

Un individualiste, terriblement jaloux de son indépendance, prêt à tout pour préserver son libre arbitre. Très direct, il dit ce qu'il a dans la tête sans arrière-pensée, ce qui est paradoxalement source de malentendus. Simple, trop simple pour un milieu où l'on considère que tout est toujours plus mystérieux et plus compliqué qu'il n'y paraît. Il est tellement sollicité qu'il a dû se construire une barrière de protection pour n'être jamais sous influence. Il fait son miel de ce qu'il trouve dans la presse et, pour les grandes décisions, demande conseil à une demi-douzaine de personnes de son entourage. Quitte à ne pas les suivre. Car cet homme est avant tout un solitaire. Elle n'existe pas et n'a jamais existé, cette mythique « équipe Pivot » que la rumeur publique a longtemps désignée comme une brigade d'informateurs, de rabatteurs et de lecteurs. *Apostrophes* fut l'aventure d'un homme seul et d'un seul homme.

Il est vrai que, durant les quinze années de son existence sur la deuxième chaîne, de 1975 à 1990, l'émission joua un rôle essentiel dans la vie culturelle en France ; elle participa de plein droit au débat d'idées quand elle ne l'initia pas ; des querelles y ont été vidées publiquement ; des réputations s'y sont faites et d'autres s'y sont défaites ; des penseurs exigeants y ont gagné un public qu'ils n'auraient jamais espéré atteindre ; des romanciers populaires y ont perdu tout crédit ; des poètes s'y sont fait entendre. Souvent le destin d'un livre s'y est joué en quinze minutes, pour le meilleur et pour le pire. Durant toutes ces années, Bernard Pivot y fut « l'interprète de la curiosité publique », selon le mot de Pierre Nora, lequel n'ira pas, pour autant, jusqu'à faire du studio d'*Apostrophes* un lieu de mémoire.

La liste des apostrophés est impressionnante non par leur nombre, mais par leur trempe. Lorsqu'on visionne ces émissions sur le site de l'INA, on est frappé par deux phénomènes : d'abord la qualité et la variété des auteurs, surtout chez les historiens, les philosophes, les sociologues, les essayistes, auxquels on aurait du mal aujourd'hui à trouver des héritiers de la même envergure et pas seulement chez les Français (où sont les Dumézil, les Braudel, les Lévi-Strauss ?) ; ensuite l'exceptionnelle liberté de ton qui régnait sur ce plateau, la vivacité de la dispute, parfois la violence des échanges, dans un grand mélange des genres, toutes choses qui doivent aussi aux aléas du direct, et qui contrastent si fort avec l'autocensure et la frilosité de notre époque rongée par le principe de précaution. *Apostrophes* faisait l'événement, chaque vendredi soir dans la lucarne et le lendemain dans les librairies, en un temps de démocratisation de la culture, au lendemain des Trente Glorieuses, où la télévision ne comptait que trois chaînes. Désormais, il y en a des centaines à la disposition du téléspectateur, la télécommande a encouragé l'impatience, la notion de direct a été abolie, le podcast a bouleversé les notions de temps et de programme. *Apostrophes* renouait parfois avec le rituel de la visite au grand écrivain mais sans rechercher d'adoubement comme sous la IIIe République. On y conversait ; désormais, à la télévision, on échange ; le plus souvent, les invités s'empressent d'aligner quelques phrases avant que leur voix ne soit zappée par la frénésie de l'animateur ou étouffée par la vulgarité des applaudissements.

Qui voudra écrire notre histoire culturelle vers la fin de l'autre siècle ne pourra faire l'économie d'un examen attentif des archives d'*Apostrophes*. Au-delà d'un reflet de la production éditoriale, et donc de la sensibilité, de l'intelligence, de l'esprit français à cette époque-là, il y trouvera un miroir sans pareil de la France des « années *Apostrophes* » tant nombre de Français s'y sont retrouvés. De toute la France et non d'une certaine France.

Bernard Pivot est un homme de rituels. Sa vieille valise de cuir qui fut marron, tout le temps remplie de livres, part régulièrement chez le bourrelier. Il y tient et elle le suit fidèlement depuis des années. Ce n'était pourtant, à l'origine, qu'une mallette publicitaire, envoyée à sa femme par une marque de produits de beauté. Respectueux des conventions et des hiérarchies sociales, quitte à en affronter les contradictions, il a plusieurs fois refusé la Légion d'honneur, par souci d'indépendance à l'égard de tous les pouvoirs, mais aussi par respect pour les quelques vignerons du côté de Quincié qui n'ont pas le ruban à la salopette, « alors qu'ils sont, eux, de véritables héros de guerre ! ». Dans ses dernières années, lors d'un *Mariage de Figaro* sur invitation, il sema une belle pagaille dans le protocole de la Comédie-Française, furieux d'être assis à la place d'honneur, coude à coude avec le ministre de la Culture, alors que le président d'Antenne 2, son patron, était placé plusieurs rangs derrière. Pudique et angoissé, Pivot ne se livre qu'exceptionnellement, se laisse peu aller. Gai, drôle, séducteur, il sait toutefois être sarcastique, caustique et cassant quand il le décide. Dans une réunion, ses reparties abruptes peuvent refroidir l'atmosphère, laissant aux anges le temps de passer et repasser.

À la télévision, cela se traduit par l'effondrement de l'auteur et le Samu pour l'éditeur. Malgré son aspect débonnaire, le bonhomme connaît son incroyable pouvoir économique et intellectuel... Ses qualités de journaliste littéraire – curiosité, ouverture d'esprit, gourmandise dans la lecture, souci du mot juste dans l'écriture, passion de la langue française (la seule qu'il connaisse), honnêteté intellectuelle – ont tout de même quelques revers : un goût du scoop qui a développé chez lui une tendance obsessionnelle au secret, une étourderie chronique qui lui fait oublier objets et documents dans les endroits publics, une manière bien à lui d'éviter les situations de crise et d'affrontement qui le mettent mal à l'aise, une mémoire des noms qui lui fait totalement défaut, au point de ne pas se souvenir un mois après de ceux qu'il a invités à *Apostrophes*, une impatience qui va en s'accentuant et se manifeste par sa propension aux cent pas et sa manie de faire tintinnabuler des pièces de monnaie dans ses poches.

Pivot est lent à prendre une décision et difficile à convaincre. Mais quand c'est fait, c'est gagné. « On ne lui force pas la main, mais une fois qu'il est acquis à l'idée il ne revient pas dessus. Quand personne n'y croyait, il a eu le courage de cautionner le Championnat de France d'orthographe », souligne Jean-François Drouard, qui en fut le maître d'œuvre.

Bernard est un homme qui a appris à travailler dans un quotidien, c'est-à-dire dans l'urgence, et qui n'est jamais autant lui-même que dans l'atmosphère tendue et stimulante du bouclage et du direct. Jamais il ne parviendra à résoudre sa principale contradiction : journaliste jusqu'au bout des ongles, il fait profession de regarder les autres alors qu'il est devenu lui-même le centre de tous les regards. Scrupuleux à l'extrême, il est capable de bondir. Quand il lit des contrevérités, des informations non vérifiées ou des emprunts inavoués. Ou des clichés mensongers qui ont la vie dure : « Cette idée qu'*Apostrophes* a mis des années à s'imposer alors qu'au cinquième numéro l'émission était lancée, célèbre et populaire ! » Ou encore lorsqu'on exploite son nom à son insu : un club de livres, un journal, une station de radio ont fait l'amère expérience de son courroux et de son souci d'intégrité. Après des décennies de métier, sa capacité d'indignation est intacte. Même s'il n'a plus rien à apprendre de la comédie littéraire. On l'a vu bouillir en quittant le plateau d'*Apostrophes* à la fin d'une émission où il avait évoqué un cas humain d'une injustice flagrante sans qu'un seul invité réagisse et le relaie : « C'est incroyable, ils ne pensent vraiment qu'à vendre leur livre ! » Jamais blasé, Pivot. Lorsqu'il quitta *Le Figaro* pour la télévision, la confrérie du zinc et du marbre s'inquiéta : « Il va avoir la grosse tête. » Or l'un des secrets de sa réussite, c'est qu'il a su rester en parfaite identité avec lui-même, fidèle aux amis, aux idées, aux valeurs qui toujours furent les siens.

Parmi ses amis, ses trois copains d'enfance : l'un était pâtissier à Mâcon, l'autre vétérinaire à Saint-Chamond et le troisième industriel du plastique à Nantua. Sa femme et ses deux filles l'ont aidé, elles aussi, à garder les pieds sur terre. À ne jamais oublier qui il était. Sa maison de vacances, achetée à Quincié avec un hectare, est devenue une maison de famille. « Sa discrétion l'a banalisé, il ne se prend même pas pour Bernard Pivot », disent des familiers du club de tennis parisien où il joue en double avec deux éditeurs et un journaliste, chaque dimanche à midi. Malgré tout ce qui lui est arrivé, son pays reste la France profonde, celle des notables et des paysans. À leurs yeux, il demeure une sorte d'intellectuel du terroir pour qui le meilleur souvenir d'*Apostrophes* après 724 numéros est celui qui est consacré à la vie des paysans au XIXe siècle. À la fin, un historien, un universitaire et un élu communiste se mirent à chanter en chœur et en patois !

Des tabous tout de même ? La vie privée. Défense d'entrer, Pivot méchant. Taiseux sur ce jardin secret, il ne s'ouvrait qu'à sa propre initiative. Un jour que nous parlions d'un livre sur la guerre, il dissimula difficilement son émotion à la simple évocation de son père, prisonnier pendant quatre ans dans un stalag en Allemagne. Le petit Bernard le remplaçait auprès de sa mère en lui offrant chaque 1er mai une branche de muguet « comme papa le faisait en posant le vase sur la cheminée ». D'autres tabous ? L'argent. En cela aussi, il est indécrottablement français. Les salaires et les gains, ça ne se dit pas. Et la politique. Nul n'a jamais pu le situer sur l'échiquier. Cela fait partie de sa protection : « Je ne voulais pas que cela déteigne sur l'émission, qu'on la classe politiquement à cause de moi. Et puis, je veux pouvoir changer d'opinion… » « De toute façon, la politique lui paraît trop synonyme d'intolérance et de sectarisme », souligne Anne-Marie Bourgnon, sa collaboratrice depuis toujours et jusqu'à la fin. Si un cinéaste lui avait proposé de jouer un ministre radical-socialiste de la IIIe République lisant (bien) un discours à un banquet, ce n'aurait pas été un rôle de composition. Un personnage de Tati fasciné par l'art de Truffaut. Il manquera toujours une expérience au plus célèbre journaliste culturel de Quincié-en-Beaujolais. Bernard Pivot n'a jamais su ce que c'était que de passer à *Apostrophes* : il n'y a jamais été invité.

En général, le biographe passe des années avant de trouver le Rosebud de son héros, ce petit rien, cet infime détail, cet objet, ce lieu, ce mot ou cette parole qui le résume et le reflète secrètement. Avec Bernard Pivot, inutile de chercher : le mesmotsrialiste nous l'offre. Son Rosebud gît là où nul n'aurait été le chercher : au fond de sa poche droite. Dans son autobiographie *Les Mots de ma vie* (Albin Michel, 2011), l'explication du mystère talismanique se trouve à l'entrée « Marron » : un vulgaire marron ramassé en septembre qu'il ne cesse de triturer et qui lui dure généralement toute une année. Plus d'un demi-siècle qu'il en est ainsi, depuis qu'une tante spécialisée en pharmacopée champêtre lui a recommandé le port de ce gri-gri dans sa poche. Ce qui lui était conseillé à l'origine pour lutter contre les rhumatismes a étendu son pouvoir jusqu'à tout excès nerveux.

Jamais il n'aurait écrit ses Mémoires au sens où tant d'éditeurs les guettaient. Ronds, classiques, anecdotiques. Le retour de passé ne pouvait advenir que de biais. *Les Mots de ma vie* ne sont donc pas des souvenirs mais des explosions d'autrefois chez un amnésique qui se soigne. Voilà donc le livre d'un homme qui a vécu par et pour les livres, dans la compagnie des écrivains, mais que sa sagesse paysanne a préservé de se jamais croire l'un d'eux. D'autant plus facile que, s'il les aura beaucoup interrogés, il les aura rarement fréquentés ailleurs que dans leurs livres. Pivot reste Pivot en ce qu'il convoque des écrivains à chaque définition. Les livres lui servent de points d'appui et de barre analogique. Ici *La Peau*, là *Les Secrets de la princesse de Cadignan*. Bien malin celui-là qui prétendrait y rien apprendre. Des mots devenus rares, bien entendu, que la désinvolture de l'époque, son relâchement dans la dérision et ses vulgarités bien admises ont rendus obsolètes : « fragonarde », « quinteux », « carabistouille », « croquignolet », « chafouin », « affiquet » et tant d'autres qu'on n'ose plus employer de crainte de paraître poussiéreux, voire réactionnaire. On y découvre que l'expression footballistique « faire soutane », par laquelle un joueur bloque une tentative de petit pont, vient des patronages, les prêtres sportifs échouant à faire passer le ballon entre leurs jambes.

Ces dernières années, que ce soit dans les rues de Paris ou d'Aix-en-Provence, il ne pouvait parcourir cent mètres sans être reconnu, discrètement salué par un sourire ou un hochement de tête. Sa popularité demeurait inentamée. Il n'était pas rare que des passants (peu de jeunes, on s'en doute) viennent lui serrer la main en lui disant « J'adore vos émissions, quel bonheur chaque fois ! », tel quel, au présent, alors qu'il n'apparaissait plus dans le petit écran depuis des années. Le fait est que, pour un grand nombre de Français, il incarnait toujours le livre et la littérature à la télévision.

Il était un homme de papier et un grand lecteur, un lecteur hénaurme, un lecteur avide, un lecteur consciencieux, un lecteur jamais rassasié. Et un lecteur indépendant. C'est aussi pour cela qu'il fut appelé en 2004 par les Goncourt à les rejoindre, et pas seulement pour sa notoriété, alors qu'il ne se considérait pas comme un écrivain (au sens de « romancier ») ainsi que la règle l'exige. Il ne fut d'ailleurs pas le premier à y déroger puisque l'essayiste Gérard Bauër, autre plume du *Figaro,* l'avait précédé en 1948.

En m'accueillant chez Drouant, il me lança un vibrant : « Désormais, on se tutoie ! » (Dans la presse, il est de tradition de tutoyer ses confrères mais de voussoyer son chef ou son patron.) Si j'y ai vécu les années Edmonde avec un plaisir sans cesse renouvelé, je conserve une puissante nostalgie des années Pivot. L'ambiance, la conversation, la diversité des sujets, tout concourait à rendre l'atmosphère attachante, que ce soit lors de nos réunions et déjeuners mensuels ou à l'occasion de nos déplacements en France et à l'étranger. Bernard était lui-même le premier à l'apprécier.

Nos retrouvailles ne s'achevaient jamais avant trois heures et demie et souvent, présidant en bout de table, il restait assis le dernier alors que nous étions déjà à la porte du salon Goncourt, en soupirant : « Quel dommage qu'il faille déjà se séparer... » Puis les temps et les mœurs... Lorsqu'il m'arrivait de jouer les prolongations, c'était pour évoquer avec lui les livres et les écrivains balayés de longue date par l'actualité, le Béraud des *Lurons de Sabolas*, ou n'importe quel livre à l'écriture étincelante de son ami Gilles Lapouge ainsi qu'une poignée d'autres. Le fait est qu'il aimait passionnément la vie littéraire, avec ses rumeurs, ses bruits, son agitation, ses échos, ses mesquineries, et que l'académie Goncourt en est une chambre d'écho et l'un des piliers. Il avait été à plusieurs reprises sollicité pour rejoindre l'Académie française mais avait toujours décliné l'invite par détestation des grandeurs d'établissement et crainte de s'y ennuyer ferme. Parler des livres et des écrivains avant de boire et de ripailler pour continuer à en parler mais sur un ton plus allègre encore, cela lui ressemblait davantage. La solennité des grands discours l'éloignait du Quai Conti. À la rédaction de *Lire*, déjà, il nous conseillait de refuser Légions d'honneur, médaille des Arts et des Lettres et autres hochets de vanité : « C'est une question de déontologie : un journaliste ne doit pas accepter d'être décoré par un gouvernement. » Il ne se prenait pas au sérieux et déplorait que, si d'aventure, il descendait les Champs-Élysées bras dessus bras dessous avec Claude Lévi-Strauss, c'est à lui, Pivot, que les passants demanderaient un autographe et non à l'illustre inconnu à ses côtés. « Dérisoire que l'on en soit là, non ?... » Outre la réforme des statuts de la Société littéraire des Goncourt pour laquelle il fut avec d'autres à la manœuvre, à commencer par l'interdiction faite à tout juré d'être salarié d'une maison d'édition et d'y exercer une quelconque responsabilité, ainsi que la limite d'âge fixée à quatre-vingts ans, sa farouche réputation d'indépendance protégea les jurés des inévitables pressions, douces, feutrées ou directes, des éditeurs. Son autorité y était naturelle et déterminée comme elle l'était lorsqu'il animait les débats d'idées à *Apostrophes* puis *Bouillon de culture* (mais dénuée de la gourmande perversité avec laquelle il lançait des pièges durant les dictées des Championnats d'orthographe). Il aimait la conversation telle que la société l'avait héritée des bureaux d'esprit et des salons des XVIIe et XVIIIe siècles. Il la favorisait, car les mots, les formules, les citations, les duels d'ego l'enchantaient. En relisant quelques-unes de ses notes de lecture rédigées à la diable et destinées pendant l'été à ses camarades de l'académie Goncourt, on l'y retrouve tel qu'en lui-même : « Je suis sûr que ce livre est mieux que je ne le pense, mais, allez savoir pourquoi, j'éprouve des difficultés à adhérer à cette histoire pourtant astucieuse. Je crois que ce qui se passe au ciel fait du tort à ce qui se passe sur la terre. [...] Heureusement que tout le livre n'est pas écrit comme le premier chapitre ! Intéressant, bien conduit, mais trop didactique, un peu lourdingue. [...] Le portrait de la haute société est enlevé, ironique, éblouissant. Une écriture rare aujourd'hui, brillante, acérée. [...] Passionnément romanesque. Mais pourquoi cet abus de mots, phrases, citations dans une langue étrangère jamais traduite ? Bon pour la musique et la couleur, pas bon pour le sens, la clarté. Et dire que je m'étais promis de ne lire aucun livre sur la guerre cette année ! [...] Tout est dans l'écriture, mélange de syntaxe de vieux français et de mots modernes, bizarres, insolites, insolents, poétiques, provocants. Une débauche de vocabulaire classique, parfois rare, et de néologismes. À la longue, c'est fatigant, mais quelle créativité ! »

Chez Drouant, il eut à cœur de défendre *La Possibilité d'une île* puis *La Carte et le Territoire,* de Michel Houellebecq, *Ouest,* de François Vallejo, *Les Bienveillantes,* de Jonathan Littell, *Trois Femmes puissantes,* de Marie Ndiaye, *Au revoir là-haut,* de Pierre Lemaitre, *Boussole,* de Mathias Enard et *Tous les hommes n'habitent pas le monde de la même façon,* de Jean-Paul Dubois, notamment. Depuis qu'il avait décidé de démissionner de l'académie Goncourt après quinze ans de service au premier couvert, celui des Daudet père et fils, de Colette, de Giono, se fiant une fois de plus en pareille circonstance à son instinct paysan hérité d'une famille de vignerons, une noria de maladies s'était abattue sur lui. Dès qu'il venait à bout de l'une à l'issue de traitements épuisants, une nouvelle venait le chercher. Pas de quoi entamer sa bonne humeur, son humour et sa tenace curiosité. Le bon vivant refusait de s'avouer vaincu. Un temps, il poursuivit une activité intellectuelle grâce à sa chronique hebdomadaire dans *Le Journal du dimanche,* à laquelle il était attaché. Sa santé ne cessa de décliner. Un vrai complot, auquel il opposa une résistance physique et morale qui forçait l'admiration. Cela dura quelques années. Mais les derniers mois, il commençait à en avoir assez. Le match lui paraissait trop inégal. Il avait perdu le goût de lire, d'écrire, d'écouter de la musique. Seul le sport à la télévision mobilisait encore son attention. Nul mieux que l'écrivain Salman Rushdie, grabataire après avoir été poignardé au cours d'un attentat, n'a raconté le sentiment d'humiliation qui devait être celui de Bernard dans ces moments-là : « Votre intimité corporelle cesse d'exister, vous perdez l'autonomie de votre moi physique, le contrôle du vaisseau sur lequel vous voguez. Vous l'acceptez faute d'alternative. Vous renoncez à être le capitaine de votre bateau pour lui éviter de couler. Vous laissez les autres faire ce qu'ils veulent de votre corps, presser, drainer, injecter, suturer et inspecter votre nudité, afin de vivre. »

Bernard, c'était la pudeur faite homme, ce qui donnait son prix à l'intimité qu'il nous concédait. Elle se faufilait dans le choix du mot qu'il tenait pour le plus beau de la langue française : « Aujourd'hui », le plus présent, le plus vivant, un mot qui sent le café et le pain grillé du matin, celui dont Mallarmé n'eut aucune peine à nous convaincre qu'il est « le vierge, le vivace et le bel aujourd'hui ». On a pris son impatience pour de l'intranquillité alors qu'il ne rêvait que de désinvolture. Dans la meilleure acception du terme : cette légèreté qui fait de nous des Monsieur Jadis, la nostalgie sans la mélancolie – et la mélancolie dénuée de tristesse.

C'était un homme du centre de la France, héritier d'une lignée de paysans au cul de plomb, enracinés au point de ne jamais s'interroger sur l'au-delà de leur ligne d'horizon, qui en conçut une secrète fascination pour les cosmopolites, les apatrides, les polyglottes, les gens et les esprits venus d'ailleurs, ceux dont il disait joliment qu'ils sont nés dans les pliures de la géographie et qu'ils ont grandi dans les codicilles de l'histoire. Au fond, s'il n'avait pas été engagé au *Figaro* comme courriériste, il serait peut-être devenu gratteur de têtes dans un train fantôme, qui sait... Finalement, s'il a toujours nié avoir été un homme de pouvoir, il dut bien reconnaître qu'il exerçait une influence sans jamais cesser de... gratter la tête de ses contemporains. Qu'aura-t-il fait d'autre au fond, avec un esprit sans pareil, dans le grand cirque littéraire ?

S'agissant d'un ami avant tout, et plus encore de quelqu'un à qui l'on doit tant, sur le plan humain et professionnel, que l'on a eu le bonheur de côtoyer durant une trentaine d'années et dont la disparition a suscité d'innombrables louanges, il est préférable de séparer l'événement du bruit qu'il a fait. La cérémonie des adieux se tint à Quincié-en-Beaujolais, en présence de sa famille et de ses proches parmi lesquels quelques écrivains et vignerons, ainsi que ses collaborateurs de longue date au premier rang desquels sa « mémoire », la fidèle Anne-Marie Bourgnon.

Il ne voulut pas de messe, mais une cérémonie à l'église de son village. Outre le maire de la commune, peu de personnes devaient prendre la parole. Sa sœur, Anne-Marie, Lou, l'une de ses petites-filles, et l'une de ses filles. Non Agnès, à qui il légua sa passion du vin, mais Cécile, qui hérita de son goût des livres. Juste partage des choses d'un père attentif. Dans une évocation tout en délicatesse, Cécile Pivot sut trouver les mots qui dépassent l'émotion pour dire les vérités de celui que tous les Français croyaient connaître. Elle réussit à ne citer qu'un écrivain : Jean-Paul Dubois, dont le dernier livre, *L'Origine des larmes*, fut aussi le dernier que lut son père avant de fermer les yeux ; il lui confiait également au soir de sa vie sa fierté d'avoir beaucoup milité pour que le prix Goncourt aille à *Tous les hommes n'habitent pas le monde de la même façon*, ce beau titre de Jean-Paul Dubois étant la métaphore la plus appropriée pour évoquer la vision du monde de Bernard Pivot.

Il avait également choisi les musiques : l'adagio du Concerto pour piano et orchestre en *fa* dièse mineur opus 1 de Rachmaninov (dans la version de Byron Janis et de l'orchestre philharmonique de Moscou sous la direction de Kiril Kondrachine), la Valse posthume en *la* mineur de Chopin, le Concerto n° 23, K. 488 pour piano et orchestre de Mozart dans la version de Maurizio Pollini.

Voilà, c'était lui, et l'on sait que nos choix nous définissent mieux que tout dans la vie comme dans la mort. Une cérémonie sobre, discrète malgré l'affluence bourguignonne, suivie quelques centaines de mètres plus loin d'une inhumation dans la plus stricte intimité familiale, auprès de ses parents.

Bernard déconseillait de dormir dans une chambre aux murs tapissés de livres, car il faut toujours se méfier des personnages : la nuit, ils désertent les romans pour encombrer les cauchemars plus souvent que les rêves des dormeurs. Il faut le comprendre : les livres ont mangé sa vie. Pour le meilleur et pour le pire. Le meilleur, on connaît. Le pire, c'est le temps pris sur le reste, les siens. Cela éclate à la fin de l'entrée « Famille », bien sûr, de son abécédaire. Un « Salauds de livres ! » qui résonne comme du Gabin dans *La Traversée de Paris*. Il demeura un courriériste dans l'âme, reporter des bruits et rumeurs à l'humeur vagabonde. De tous les écrivains dont l'œuvre l'a le plus intimement imprégné, au-delà de son admiration intellectuelle et morale pour Simon Leys, de son affection pour Nabokov, de son attachement à Marcel Jouhandeau, l'œuvre, plus modeste et si française d'Antoine Blondin est probablement celle qui au fond le toucha le plus tant elle parvint à l'émouvoir tout en l'amusant. C'est ce Pivot-là qui se déclarait prêt à participer à une manifestation pour l'augmentation du goût de la vie. Au chapitre du « Vécu », il est un personnage échappé des *Enfants du bon Dieu* lorsqu'il nous raconte que, muré dans son chagrin alors qu'il suivait la voiture mortuaire emportant son père vers sa dernière demeure, il dut se retenir de rire en constatant que la plaque d'immatriculation contenait les lettres « VQ ».

Lui et moi

par **Pierre Assouline**

En amitié (mot précieux à ne pas galvauder) comme en amour, on se souvient toujours des premières fois. On en aura fait de la route ensemble malgré notre vingtaine d'années de différence.

La première fois que nous nous sommes parlé, c'était en 1983 sur le plateau d'*Apostrophes*. Il m'y avait invité à l'occasion de la parution de ma première biographie, consacrée à Marcel Dassault. Après l'émission et le pot traditionnel en coulisse, nous avons commencé à bavarder. Alors que tout le monde était parti, chemin faisant, nous avons continué sur le trottoir du 13-15, rue Cognacq-Jay. Avec son enthousiasme si communicatif, il voulait me convaincre de consacrer ma prochaine « vie&œuvre » à Jean Prouvost, qu'il avait connu et à propos duquel il fourmillait d'anecdotes. Peu de temps après, il me proposa de faire des piges au magazine *Lire* puis de quitter les éditions Balland, où j'étais conseiller littéraire, pour travailler à plein temps à ses côtés comme grand reporter chargé des enquêtes et des entretiens. Cela dura dix ans jusqu'à ce que, ayant décidé de voguer vers d'autres cieux, il me demande, en 1993, de lui succéder comme directeur de la rédaction. Pour autant, même à distance, il conservait son affection

Un jour de Goncourt dans le salon des Goncourt chez *Drouant*, à côté du portrait d'un des deux frères, la bande du mensuel *Lire* en partie reconstituée : Pierre Assouline, Anne-Marie Bourgnon, Marianne Payot, Jean-François Drouard et Bernard Pivot.

pour le magazine. Mon premier geste fut d'inscrire son nom comme créateur dans l'« ours » de *Lire*. Comme je lui en faisais part, il accepta à une condition : *« Que l'on précise alors :* "Cofondé par Jean-Louis Servan-Schreiber et Bernard Pivot" car c'est la vérité. » Souvent il m'appelait pour me faire des observations de lecteur attentif sur tel ou tel article. Nous ne nous sommes jamais perdus de vue, mon élection à la Société littéraire des Goncourt, présidée alors par Edmonde Charles-Roux, nous rapprochant davantage encore. Lorsqu'il rendit son rond de serviette chez Drouant, nous prîmes l'habitude de déjeuner en moyenne une fois par mois dans les restaurants proches de la place de l'Étoile puis, après son déménagement, dans ceux du quartier du Bon Marché, afin d'y refaire le monde. Lorsque je formai le projet de réaliser un documentaire qui le mettrait face à une anthologie des meilleurs moments de l'émission dans les conditions du direct afin de préserver toute la spontanéité de ses réactions, il accepta aussitôt le pari, se félicita qu'une productrice telle que Fabienne Servan-Schreiber (Cinétévé) s'investisse dans le projet mais douta que France 2 s'y associât. « Ils n'en voudront pas… » En quoi il avait eu du nez, une fois de plus. Lorsqu'elle fut reçue par le jeune responsable des documentaires, celui-ci finit par décliner sa proposition au motif que « vérification faite dans le dossier de l'émission, elle n'atteignait pas une grande audience » ! L'affaire fut finalement rattrapée par une autre responsable de la chaîne. Ancienne productrice du *Grand Échiquier* de Jacques Chancel pendant des années, devenue responsable d'une unité de magazines culturels à France 2, Liliane Bordoni avait une tout autre approche de l'histoire de la télévision. Ayant eu vent de notre déconvenue, elle nous convoqua, regretta infiniment ce qui s'était passé : « Ça ne m'étonne pas

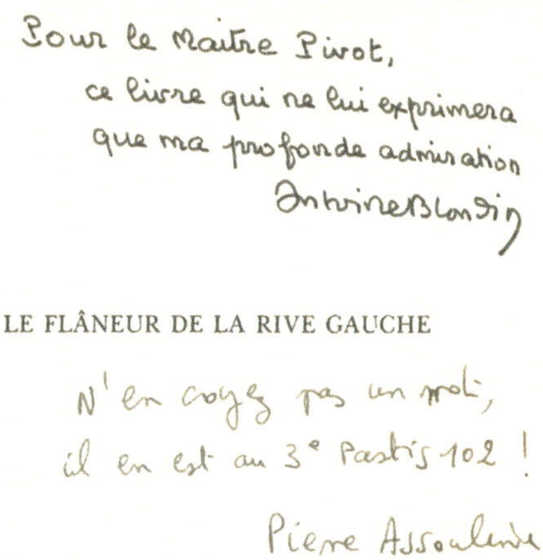
Pour le Maître Pivot,
ce livre qui ne lui exprimera
que ma profonde admiration
Antoine Blondin

LE FLÂNEUR DE LA RIVE GAUCHE

N'en croyez pas un mot,
il en est au 3e Pastis 102 !
Pierre Assouline

La dédicace de l'exemplaire de Bernard Pivot, par Antoine Blondin et Pierre Assouline.

mais il ne faut pas en rester là. Je pars à la retraite. Ce sera mon dernier grand projet, ils ne pourront pas me le refuser à la prochaine réunion. Vous avez demandé soixante minutes ? Insuffisant. Il vous faut quatre-vingt-dix minutes. Et obligatoirement un vendredi soir. »

Ce serait donc le documentaire *Les Vendredis d'*Apostrophes.

chevauchée
fantastique
341

Les journaux

> Je ne peux pas commencer une journée sans lire les journaux.”

Bernard Pivot, *À voix nue*, 1991, France Culture

Page précédente, en Italie, au bord du lac Majeur.
Ci-dessus, sur le plateau d'*Apostrophes*.
Page de droite, farniente et lecture des journaux, le bonheur, tout simplement.

En haut, à Strasbourg, dans le quartier de la Petite France, en vacances.
Ci-dessus, dans un théâtre, en attendant le début d'un spectacle de Fellag, qui sera l'un des invités de *Double je* quelque temps plus tard.

En haut, à Londres, pour un *Double je* avec la soprano anglaise francophone Felicity Lott.
Ci-dessus, *L'Équipe*, un quotidien dont Bernard Pivot ne pouvait pas se passer.

La Gazzetta dello Sport
Inter travolgente
Roma, notte Real

Aux kiosques à musique je préfère cependant les kiosques à journaux. Dans aucun autre lieu ouvert au public je ne me rends deux fois par jour, le matin et en début d'après-midi."

Bernard Pivot, *Les Mots de ma vie*,
éd. Albin Michel

Pas de journaux français à proximité ? Bernard Pivot se rabattait alors sur la presse étrangère. Ici à Vérone, il était allé avec sa compagne, Bérengère Casanova, écouter un opéra de Verdi aux Arènes, mais un violent orage avait fait fuir les spectateurs au deuxième acte.

Le sport

et le foot en particulier

Le plaisir d'appartenir à une équipe. De jouer avec. Contre une autre. D'être de l'aventure, de la bataille. Les vestiaires avant et après. Minuscules, sans douche. Les fouilles des vêtements, l'odeur d'embrocation, le bruit des chaussures à crampons sur le ciment. Les protège-tibias comme les jambières des chevaliers. Le maillot tôt enlevé et jeté à terre après une défaite. Les hip ! hip ! hip ! hourra ! (prononcer : hipipipoura !) après la victoire. Banals, répétitifs, ces avant-matchs d'ados tout neufs, tout fringants, tout joyeux, et ces après-rencontres d'essoufflés, de crottés, d'entaillés, d'excités. Mais comme c'était bon !"

Bernard Pivot, *Les Mots de ma vie*, éd. Albin Michel

Page précédente, l'équipe de football du pensionnat Saint-Louis (debout, deuxième à partir de la gauche).
Ci-dessus, avec Bernard Pivot (debout, deuxième à partir de la gauche), ses amis Gérard Faye (à sa gauche) et Jean-Claude Jacquemet (à genoux, quatrième en partant de la gauche). Il a commencé à jouer au Football Club Saint-Louis, où il était pensionnaire, puis a fait partie de l'équipe du lycée Ampère.

Pour Antenne 2, Bernard Pivot couvre la Coupe du monde au Mexique en 1986.
Au premier rang, Robert Chapatte, Bernard Père, Olivier Rey et Gérard Holtz.
Au deuxième rang, Roger Piantoni, Bernard Pivot, Michel Drucker et Jo Choupin.

Bernard Pivot avec Michel Platini, deux personnages emblématiques des années 70. Bernard Pivot a, des années durant, donné des romans et des essais aux Bleus lorsqu'il allait les voir.

« Si j'étais un joueur, je serais Platini », disait Bernard Pivot. Il trouvait qu'il jouait juste tout en dégageant l'impression d'une étonnante facilité et qu'il était un formidable stratège.

“Ma tête est un stade où courent des dizaines et des dizaines de maillots verts. Vivrai-je cent ans que ma mémoire restera verte.”
Bernard Pivot, *Le Football en vert*, éd. Hachette/Gamma

“Du temps d'*Apostrophes*, la seule distraction que je m'autorisais, cinq à six fois par an, était un déplacement à Saint-Étienne ou dans une ville où l'équipe jouait gros, c'est-à-dire devait jouer plus finement que son adversaire. J'emportais quelques-uns des livres dont j'avais invité les auteurs le vendredi suivant. Train, avion, auto, avant et après le match, je lisais.”
Bernard Pivot, *Le Progrès*

“Ma modeste mémoire est pleine de matchs de Saint-Étienne comme elle est remplie de films de Truffaut et de romans de Modiano. Des uns et des autres je ne retiens que quelques scènes, quelques moments. Mais superbes.”
Bernard Pivot, *Le Football en vert*, éd. Hachette/Gamma

Avant l'émission avec son invité, l'entraîneur de Saint-Étienne Robert Herbin, en 1980.

“Le succès ne le quitte pas. Mais il est de ces hommes toujours tournés vers le lendemain, qui, éternels gagneurs, n'éprouvent aucune nostalgie et qui pourtant, à leur insu peut-être, sont à jamais marqués par la fuite du temps. D'ailleurs, mondanités en moins, Roby est un personnage de Fitzgerald. Comme Gatsby, il a l'impression d'avoir été toujours à la fois adulte et enfant.”

Bernard Pivot, à propos de Robert Herbin, *Le Football en vert*, éd. Hachette/Gamma

En haut, à Bilbao en 1982, pour le Mondial de football. Avec Michel Drucker, Monique Pivot, Jacques Chancel et Robert Chapatte.
Ci-dessus, pour Antenne 2, il couvre la Coupe du monde au Mexique en 1986. De gauche à droite, Robert Chapatte, Michel Drucker, Bernard Pivot, Michel Piantoni et Thierry Roland.

92
NRK T
91
73
ODRF
72
CST
71
54
NOS T
53
SVT T
52
30
ITV1-T
29
ASBU
28
TVE

RCE
A3R
108
YLE T
90
107
YLE R
89
ORF R
88
F. 7
RT T
70
DDRR
69
51
F. 6
ORF T
50
C2T
27
BBC1T
26
RNE
8
F. 5

Page précédente, en 1982, lors du Mondial en Espagne, à Séville, Bernard Pivot et Georges de Caunes dans les tribunes de presse.
En haut, sur le Tour de France de 1986, entre Pau et Bayonne, avec Jacques Chancel et Lino Ventura.
Ci-dessus, en 2012, en compagnie de deux légendes du football français, Raymond Kopa et Michel Hidalgo.

Le 23 mars 1988 a lieu le Tournoi des gentlemen en tennis de table, un sport dans lequel Bernard Pivot excellait. Les autres participants : Eddie Barclay, Patrick Bruel, Fabien Canu, Robert Chapatte, Pierre Donadieu, Pierre Fulla, Henri Garcin, Gérard Majax, Patrice Martin, Georges Moustaki, Emmanuel Pinda, Jean Rochefort et Jacques Secrétin.

Stade de France, 1998. Bernard Pivot tire un penalty. Dans l'équipe : le comédien Francis Huster, le footballeur Dominique Rocheteau et l'écrivain Denis Tillinac.

La meilleure équipe de Pivot est littéraire.
Il livrait au *Progrès* sa composition, en 2015.

GARDIEN
Vladimir Nabokov

ARRIÈRE DROIT
Jean Tulard

DÉFENSEURS CENTRAUX
Michel Onfray Régis Debray

ARRIÈRE GAUCHE
Louis Aragon

MILIEU DÉFENSIF
Jean-Philippe Toussaint

MILIEU RELAYEUR
Jorge Semprun

MILIEU OFFENSIF
Gilles Lapouge

AILIER DROIT
Jean d'Ormesson

AVANT-CENTRE
Romain Gary/
Émile Ajar

AILIER GAUCHE
Umberto Eco

Cuisine, vin et Beaujolais

1955

> **Lyon est une ville merveilleuse, on y mange à l'heure des repas."**
>
> Bernard Pivot, *L'Amour en vogue*, éd. Calmann-Lévy

Page précédente, la fête des conscrits à Quincié-en-Beaujolais en 2015.
Ci-dessus, gare de Lyon, au *Train bleu* avec Paul Bocuse, le 26 mars 1976. Le thème d'*Apostrophes* ce soir-là : « Existe-t-il une nouvelle cuisine française ? » Chez les Bize-Leroy, la fille et la mère, avec les chefs Paul Bocuse et Pierre Troisgros.
Page de droite, Paul Bocuse était l'un des grands amis de Bernard. Ici devant son restaurant trois étoiles, L'Auberge de Collonges.

“Notre rencontre, il y a plus de vingt ans, n’eut pas lieu sur le plateau de sa célèbre émission mais à ma table où, venu en voisin épris de gourmandise, j’ai commencé à apprécier d’emblée sa simplicité, sa gentillesse naturelle, son bon sens et une fidélité peu commune, à ses amis simples ou puissants.”

Georges Blanc, supplément au *Journal du dimanche* du 18 mars 2001

"Pourquoi suis-je resté fidèle au beaujolais ? Drôle de question ! Trahit-on sa jeunesse par complaisance ou moutonnerie ? Prend-on ses distances avec ses origines pour mieux épouser les balancements de la mode ? Au fil de la vie, la découverte et la consommation enchantée d'autres vins, plus renommés, plus rares, plus complexes, plus longs en bouche et en mémoire, impliquent-elles qu'on se détourne du vin populaire auquel on doit l'initiation au plaisir ? Et auquel, par plaisir, on revient sans cesse ?"

Bernard Pivot, *Dictionnaire amoureux du vin*, éd. Plon

Page de gauche, en haut, avec Alain Chapel devant La Mère Charles à Mionnay, le restaurant de ses parents dont il a pris la direction en 1967 et qui a obtenu trois étoiles en 1973.
Page de gauche, en bas, avec le chef Georges Blanc dans la cuisine de Bernard Pivot à Quincié-en-Beaujolais pour un reportage à l'occasion de la sortie d'un livre signé du restaurateur en 1999.
Ci-dessus, en 1982 avec Antoine Blondin, un écrivain que Bernard admirait.

“Je suis viscéralement attaché au terroir beaujolais, à la terre, à la vigne, au vin, aux caves, aux pressoirs et aux souvenirs des vendanges. Je ne peux pas oublier que c'est ici, à Quincié, dans la cave, que j'ai appris le plaisir de la conversation. J'avais douze ou treize ans, on descendait à la cave avec les vignerons, des amis, parfois des membres de la famille et l'on bavardait. La conversation coulait d'abord sur le vin, puis partait dans tous les sens, la politique, le sport. Ce goût de la conversation, je l'ai pour ainsi dire exporté ensuite à la télévision.”

Bernard Pivot, *Le Progrès*, décembre 2018

“Je crois que les femmes et les hommes dont l'enfance et l'adolescence ont couru les vignes ne sont pas tout à fait comme les autres. Ni pires ni meilleurs mais d'une nature un peu différente, d'une sensibilité légèrement plus minéralogique. Le terroir a une si grande importance pour le vin qu'il en a forcément aussi, même si cela n'est pas mesurable, pour les personnages qui y ont grandi et s'y sont… cultivés.”

Bernard Pivot, *Dictionnaire amoureux du vin*, éd. Plon

Page de gauche, la famille et les amis sont réunis dans le caveau du frère de Bernard, Jean-Charles, viticulteur à Quincié-en-Beaujolais (l'un à côté de l'autre).
En haut, avec son ami Georges Dubœuf.
Ci-dessus, les vendanges chez son frère.

“Au contraire, le mot beaujolais, qui vient, en faisant souvent halte pour se désaltérer, du latin *bellogocensis*, sonne beau, gai et malicieux, ce qui n'a pas peu contribué au succès du rouge qui porte son nom, les consommateurs faisant fort justement une adéquation entre les qualités du vin et les vertus du nom. Beaujolais, ça chante spontanément, avec entrain et sans chichis. Ça tintinnabule la France dite des profondeurs. Et ça devient du beaujo dans la bouche du populo et du beaujolpif chez les poètes du zinc.”
Bernard Pivot, *Beaujolaises*, photographies Pierre Cotin, éd. du Chêne

“S'il est une boisson populaire, c'est bien le beaujolais. Il n'a pas son pareil pour mouiller les mâchons, dérider les réunions d'anciens combattants, montrer son chemin à la brioche des conscrits, arroser les tirs du cochonnet, ondoyer les anniversaires, accompagner le gigot qui pleure et animer les propos de comptoir.”
Bernard Pivot, *Beaujolaises*, photographies Pierre Cotin, éd. du Chêne

“Ce n'est pas un vin de grande occasion, ce n'est pas un vin de château, de vieux millésimes, mais un vin que l'on boit dans sa jeunesse. C'est un vin qui est associé à la jeunesse, à l'énergie, à la fraîcheur, et lié aux jardins, aux jardins de curé ou d'ouvrier où il y a un peu de fruits rouges, de framboises, de cerises.”
Bernard Pivot, *Dictionnaire amoureux du vin*, éd. Plon

Page précédente, dans sa maison du Beaujolais où tous les étés, Bernard Pivot passait plusieurs semaines. Des étés studieux, certes, mais au milieu des vignes. À droite, à Quincié-en-Beaujolais, dans la salle à manger. Toute la décoration de la maison (mobilier, objets, affiches) était consacrée au vin, au raisin, aux vendanges… Pendant trente ans, Bernard, quand il en avait le temps, est allé aux puces de Clignancourt, chez les antiquaires lyonnais et a assisté à des ventes aux enchères.

BUVEZ du VIN
et
vivez joyeux

Après cinq années au château du Clos de Vougeot, j'ai atteint le plus haut grade de la Confrérie : Grand (encore !) Officier. J'ai préféré cet ordre à ceux de la Légion d'honneur et du Mérite. Dans ceux-ci, on ne fait pas le ban bourguignon."

Bernard Pivot, *Dictionnaire amoureux du vin*, éd. Plon

"Homme de culture en bouillon, homme de vin, homme de football, Bernard Pivot a tout vu, tout lu, tout bu. Comme chantait Dutronc. D'une vie de livres et de télé, Pivot le romanesque avait la fausse désinvolture des inquiets, très ancré dans son terroir du Beaujolais."

Frédéric Blanc, *Le Progrès*, 10 mai 2024

Ci-dessus, Bernard intronisé Grand Officier à la Confrérie des chevaliers du tastevin. Il présida la vente des vins des Hospices de Beaune en 2013 et en 2015, devint le président du comité de soutien des Climats de Bourgogne.
Page de droite, en haut, pour l'anniversaire de sa fille Agnès, il ouvre une bouteille de la Romanée-Conti !
En bas, « quelque part en France, avant de savourer son repas, le chef nous a proposé de visiter sa cave », dit Pierre Assouline qui en profite pour prendre son ami en photo.

“À la fin du dernier *Bouillon de culture* (29 juin 2001), j'avais moi-même répondu au questionnaire de Proust posé à mes invités les plus prestigieux tout au long de dix années d'émissions. Vint la neuvième question : « La plante, l'arbre ou l'animal dans lequel vous aimeriez être réincarné ? »
Ma réponse : « Dans un cep de la Romanée-Conti. »
À mes yeux, à ma bouche, à mon palais, à mon cœur, la romanée-conti est le meilleur vin du monde.”

Bernard Pivot, *Dictionnaire amoureux du vin*, éd. Plon

“Bernard Pivot était un homme d'une gentillesse, d'une bonté de cœur. C'était un homme délicieux et qui avait une âme vraiment bourguignonne”.

Aubert de Villaine, France Bleu, mai 2024

“Catherine Ceylac : Quelle est la première chose que vous feriez si vous étiez le prochain locataire de l'Élysée ?
Bernard Pivot : Je descendrais à la cave.”

Thé ou Café, 2017

Dans sa maison de Quincié-en-Beaujolais, à la fenêtre de sa chambre.

“D’abord, j’avais choisi une chambre qui donne sur la plaine de la Saône. On domine, on voit loin, on voit large, c’est superbe, mais, finalement, à tout voir on ne voit rien. Alors j’ai pris une chambre du côté montagne. Il n’y a à regarder que des vignes qui grimpent. On a le nez dans les ceps.”

Bernard Pivot, *Beaujolaises*, photographies Pierre Cotin, éd. du Chêne

PISCINE
EAN D'ORMESSON
LA
BRIGADE
ALSACE
LORRAINE

Page de gauche, au bord de sa piscine, baptisée Jean-d'Ormesson. C'est grâce aux indemnités qu'il a touchées en quittant *Le Figaro* en 1974, qu'il a pu la construire. Aucune rancune chez l'un ou chez l'autre qui s'appréciaient grandement, l'écrivain ayant en effet été invité vingt-six fois dans les émissions de Bernard Pivot !
Ci-dessus. Avec Monique Pivot et le père de celle-ci, Victor Dupuis, en 1977, dans le salon de leur maison à Quincié-en-Beaujolais.

Ci-dessus, sur la droite de la photo, Georges Lavarenne, maire de Quincié-en-Beaujolais de 1953 à 1983, que Bernard appréciait énormément. Celui-ci fut de 1977 à 1983 conseiller municipal du village de son enfance. Page de droite, lecture devant la maison.

“Mon seul ami d’enfance – nous avons six jours de différence –, futur pâtissier, Paul Geoffray, est pêcheur et chasseur. Du bord ou en barque, nous avons souvent jeté notre fil dans la Saône. Le jour se levait, la rivière était calme, un oiseau chantait, nous étions fiers d’être les pêcheurs les plus matinaux.”

Bernard Pivot, *Amis, chers amis,* Allary Éditions

Page précédente, Bernard à la pêche sur les bords de Saône.
En haut, avec Paul Geoffray.
Ci-dessus, après la pêche, évidage des poissons.

L'école Bernard-Pivot à Vaux-en-Beaujolais.

Discours d'inauguration de l'école Bernard-Pivot à Vaux-en-Beaujolais

Me voilà bien honoré… et bien embêté…

L'une des raisons qui m'ont fait refuser les décorations, c'est ce à quoi nous assistons depuis une demi-heure : l'éloge du promu.

J'éprouve une certaine gêne à entendre prononcer à mon endroit des propos ô combien bienveillants et généreux. Trop bienveillants, trop généreux !

Dans un élan de schizophrénie, j'ai failli plusieurs fois me retourner pour applaudir celui dont vous vantiez les mérites, ne serait-ce que pour me décharger sur lui de l'embarras qui est le mien.

Mais alors pourquoi avoir accepté cette cérémonie dont je savais bien qu'elle ferait violence à la part de modestie de ma conscience ? Eh bien, pardi !, parce qu'une école, c'est autre chose que la Légion d'honneur ou les Arts et Lettres !

Une école qui porte votre nom, c'est le prix d'honneur et le prix d'excellence. Prix que, par parenthèse, je n'ai jamais obtenus quand j'étais en âge de les briguer.

Une école qui porte votre nom, c'est entrer dans un cercle très huppé où il est avéré que les écrivains sont les plus nombreux, tels Hugo, Lamartine, Rousseau, Camus, Balzac, Giono, Jules Verne… Mais eux, ce sont, depuis longtemps, et à jamais, de super prix d'honneur et d'excellence ! Et en plus, en composition française, ils sont imbattables !

Il y a aussi les hommes politiques. Des écoles ou des lycées Charlemagne, de Gaulle, Pompidou, Jaurès, Clemenceau, Léon Blum, Henriot, etc. Certains sont de vrais cumulards : ils ont leur nom dans les dictionnaires, dans les manuels, sur les plaques de rue, sur les gymnases ou les médiathèques, sur les frontons des écoles. Et en plus, ils sont au Panthéon!

Une école qui porte votre nom, c'est retomber délicieusement en enfance; c'est rebrousser le chemin de la vie; c'est

enfiler des culottes courtes sur de vieilles jambes poilues; c'est, à l'âge des cernes et des taches sur la peau, renouer avec le plaisir des taches d'encre; c'est, après tant de batailles professionnelles et amoureuses, revenir au jeu de bataille dans la cour de récréation; c'est, sans abandonner le savoir accumulé tout au long de l'existence, retrouver les stimulants frissons de l'apprentissage et les joyeux balbutiements du b.a.-ba; c'est, après avoir tant de fois écrit son nom sur le papier, en haut des livres, des cahiers et des copies, c'est écrire son nom sur la pierre de l'école.

Une école qui porte votre nom, c'est une présence invisible, latente, silencieuse, mystérieuse, dans toutes les classes, sur l'estrade des professeurs comme sur les tables des élèves.

Je ne serai pas d'un grand secours pendant les cours de mathématiques, mais je m'efforcerai de distiller de bonnes aspirations pendant les dictées et les devoirs de français.

Une école qui porte votre nom, c'est l'assurance pour moi, quand je ne serai plus de ce monde, de continuer à lire et à écrire par le truchement des élèves. Et, peut-être, certains, penchés sur une fable de La Fontaine ou sur une scène de Molière, sentiront-ils vibrer en eux une curiosité et un plaisir qui seront comme de légères empreintes que j'aurais laissées.

Une école qui porte votre nom, c'est devenir non pas un fonctionnaire, mais un locataire de l'Éducation nationale!

Me voici, ayant désormais pignon sur rue, avec cette résidence toute neuve, me voici donc citoyen de Vaux-en-Beaujolais. Village rendu célèbre par Gabriel Chevallier sous le nom de *Clochemerle*. Qui ne le sait?

Gabriel Chevallier a écrit l'un des plus beaux livres et l'un des plus terribles sur la Première Guerre mondiale, qu'il a faite de bout en bout. Ce livre, *La Peur*, a été malheureusement occulté par le succès mondial, inouï, de son roman rabelaisien et satirique *Clochemerle*.

Les dessins de Dubout, les fresques devrais-je dire, des adaptations au cinéma et à la télévision, ont ajouté à la popularité du best-seller de Gabriel Chevallier. Le nom de Clochemerle est même passé dans l'usage courant, comme métaphore des querelles picrocholines d'un village ou d'une communauté.

En octobre 1962, j'ai eu le plaisir d'interviewer Gabriel Chevallier pour *Le Figaro littéraire*.

Et voilà que cinquante ans après, Gabriel Chevallier et moi sommes de nouveau réunis, non à Lyon, mais à Vaux-en-Beaujolais. Il a la grande rue; moi j'ai l'école. Je suis sûr que nous cohabiterons en paix et dans l'amitié.

Bernard Pivot

Page de gauche, séance d'autographes après l'inauguration de l'école communale Bernard-Pivot, à Vaux-en-Beaujolais, en juin 2013. Une école primaire Bernard-Pivot à Romanèche-Thorins a aussi été inaugurée en juin 2014.
Ci-dessus, pour l'inauguration à Vaux, avec ses petits-enfants Maud et Antoine, et sa fille Cécile.

Les Dicos d'or

On se disait depuis quelque temps que « championnat de France d'orthographe » est une expression claire, classique, mais un peu longue, qu'on aimerait moderniser et résumer par une formule imagée, populaire. Dico, abréviation familière de dictionnaire, nous est apparu très vite comme le mot idoine. On distribuerait aux champions des Dicos d'or, à leurs suivants des Dicos d'argent et de bronze. Toute la compétition ne tourne-t-elle pas autour des dictionnaires, à la fois conservatoires des mots anciens et auberges des nouveaux? Les candidats les plus courageux et les plus ambitieux ne se lancent-ils pas dans la lecture de A à Z du Petit Larousse et du Petit Robert? Les champions ne sont-ils pas récompensés par des ouvrages de chez Larousse? Allons, dico, c'était dit! Le mot avait été déposé par les éditions Albin Michel, qui nous le cédèrent gracieusement. Les Dicos d'or furent lancés sur le Toit de Paris, à l'hôtel Hilton, le 4 octobre 1993, par une conférence de presse et une dictée réservée aux journalistes (premier : Olivier Barrot, avec une seule faute)."

Bernard Pivot, *Les Dictées de Bernard Pivot*, éd. Albin Michel, 2002

Page précédente, superfinale des championnats au siège de l'ONU, à New York, dans la salle de l'Assemblée générale, le 11 avril 1992, en présence de 250 candidats venus de 108 pays différents pour remporter le titre de champion du monde. Le titre de la dictée : « Des fleurs pour les champions ».

Ci-dessus, la demi-finale et la finale des Championnats de France d'orthographe ont commencé en 1985, dans le Grand Studio de RTL. Bernard Pivot regarde la copie de Jean Drucker, qui a été vice-p.-d.g. de la station de radio de 1980 à 1985. C'est lui qui a soutenu cette opération dès ses débuts. Il a accueilli l'opération dès la deuxième année avec un dispositif inédit jusque-là dans l'histoire de France TV : les demi-finales sur FR3 et la finale sur Antenne 2. À gauche, Jean-Paul Huchon, du Crédit agricole (qui a soutenu financièrement l'opération pendant vingt ans), et Janine Langlois-Glandier, p.-d.g. de FR3.

Bernard Pivot allait et venait dans les allées tout en dictant son texte. Il aimait regarder de près la copie de ses élèves…

“Beaucoup d’écrivains ont fait plusieurs fois la dictée sous l’œil des caméras: Françoise Giroud, Yves Berger, Didier Van Cauwelaert, Tahar Ben Jelloun, Edmonde Charles-Roux, Irène Frain, Érik Orsenna, Nicole Avril, Marc Lambron, Jorge Semprun, Robert Sabatier, Cavanna… La plus assidue est incontestablement le nouveau secrétaire perpétuel de l’Académie française, Hélène Carrère d’Encausse, qui tient par sa présence à manifester l’intérêt qu’elle porte à ces populaires et savantes joutes autour de mots qui ne sont pas tous dans le Dictionnaire de l’Académie.”

Bernard Pivot

Philippe Delerm et Hélène Carrère d’Encausse font la dictée de Bernard Pivot. L’académicienne assista à de nombreux Championnats de France d’orthographe.

Car la dictée est surtout un jeu. À la télévision, il en est de plus idiots. On joue avec des mots, on joue sur les mots. On se prend au mot, on pèse ses mots.”

Bernard Pivot, *Les Dictées de Bernard Pivot*, éd. Albin Michel

À l’Olympia en 2000, l’équipe organisatrice et les partenaires des Dicos d’or réunis pour la photo. Ces championnats d’orthographe ont eu lieu dans de nombreux endroits prestigieux : à La Villette, sur un bateau-mouche, au palais de Chaillot, à la Bibliothèque nationale, au Sénat, à l’Unesco, à l’Opéra-Comique, au Stade de France, à la Sorbonne, au palais Garnier, à la bibliothèque du centre Georges-Pompidou, à l’Hôtel de Ville de Paris, à l’académie Fratellini…

Un subjonctif imparfait le régalait comme le dribble d'un de ses joueurs préférés.”

Yves Jaeglé, *Le Parisien*, 7 mai 2024

En haut, remise des prix avec Hélène Carrère d'Encausse.
Ci-dessus, en 1993, les Championnats de France d'orthographe ont lieu à l'Assemblée nationale avec son président, Philippe Séguin. Ils ont débuté en 1985 et se sont terminés en 2005, avec une compétition entre les anciens champions. Retransmis à la télévision, ils étaient suivis par près de trois millions de téléspectateurs.

En haut, le 10e anniversaire des Dicos d'or en 1995 a eu lieu au château de Versailles, dans la salle du Congrès. Ici avec quelques-uns des organisateurs.
À côté de Bernard Pivot, Jean-François Drouard, coordinateur de la manifestation.
Ci-dessus, en 1993, les Dicos d'or à l'Assemblée nationale.

2me ARRt
RUE
GAILLON

L'académie Goncourt

Cette alliance de la littérature et de la gastronomie donne des Goncourt l'image de bons vivants. Des gourmets qui aiment les livres et la vie. Des lecteurs sérieux dans leurs choix romanesques, des amis enjoués et blagueurs dans leurs manières de table. Cela nous vaut une plus-value de sensualité gourmande et de sympathie."

Bernard Pivot, *La mémoire n'en fait qu'à sa tête,* éd. Albin Michel

Page précédente, les dix membres du Goncourt en 2014. Balcon de gauche : Paule Constant, Pierre Assouline, Françoise Chandernagor, Bernard Pivot et derrière, Régis Debray. Balcon de droite : Didier Decoin, Edmonde Charles-Roux, Patrick Rambaud, Tahar Ben Jelloun et derrière, Philippe Claudel. Ci-dessus, les dix membres en 2017. Devant, de gauche à droite, Françoise Chandernagor, Bernard Pivot (président de 2013 à 2019) et Paule Constant. Derrière : Virginie Despentes, Tahar Ben Jelloun, Éric-Emmanuel Schmitt, Pierre Assouline, Patrick Rambaud, Philippe Claudel et Didier Decoin.

En haut, en 2006, avec son ami Jorge Semprun, qui avait été élu à l'académie Goncourt en 1996.
Ci-contre, quelque part en France dans un TGV pour le prix Goncourt, avec Pierre Assouline.

Ci-dessus, le prix Goncourt est attribué à… *Leurs enfants après eux*, de Nicolas Mathieu. C'était en 2018. Ci-dessous, la galette des rois au restaurant Drouant, avec son amie Françoise Rossinot, déléguée générale de l'académie Goncourt.

“À ces lectures toujours professionnelles – une bonne soixantaine de romans en juin, juillet et août –, il faut ajouter l’envoi par courriels de mes impressions aux neuf membres de l’académie Goncourt dont je reçois, relayés par Marie Dabadie, secrétaire de notre jury, les jugements motivés. Ainsi nous alertons-nous les uns les autres sur les romans à lire nécessairement pour en débattre lors de notre première réunion, début septembre.”

Bernard Pivot, *Lire!*, éd. Flammarion

Des Goncourt : assis, Pierre Assouline et Bernard Pivot ; debout, Éric-Emmanuel Schmitt, Tahar Ben Jelloun et Philippe Claudel en mai 2018 à Genève pour célébrer les 200 ans de la Société de lecture qu’anime Delphine de Candolle.

En haut, le 4 novembre 2019, le prix Goncourt est attribué à Jean-Paul Dubois pour *Tous les hommes n'habitent pas le monde de la même façon*. Bernard Pivot avait pour cet écrivain et son œuvre une grande admiration. Ci-dessus, les jurés du prix Goncourt.

En haut, le jour de l'attribution du prix Goncourt les journalistes, photographes et cameramen sont très nombreux au rendez-vous ! Bernard Pivot a été le premier non-romancier à rejoindre l'illustre institution littéraire. Ci-dessus, pour son départ de l'académie Goncourt. Il avait 84 ans.

donuts
GTS

L'amitié, l'amour, la famille

Page précédente, Jean-Claude Lattès, Bernard Pivot et Pierre Perret en voyage au Canada pour pêcher le saumon.
Ci-dessus, Monique et Bernard dans leur maison de Quincié-en-Beaujolais. Cette photo a été prise pour *Télé 7 Jours*, à l'occasion de la 100e d'*Apostrophes*, en 1977.
Ci-contre, Bernard (alors conseiller municipal de son village) et sa fille cadette, Cécile, à la mairie de Quincié en août 1979, pour *L'Express*.

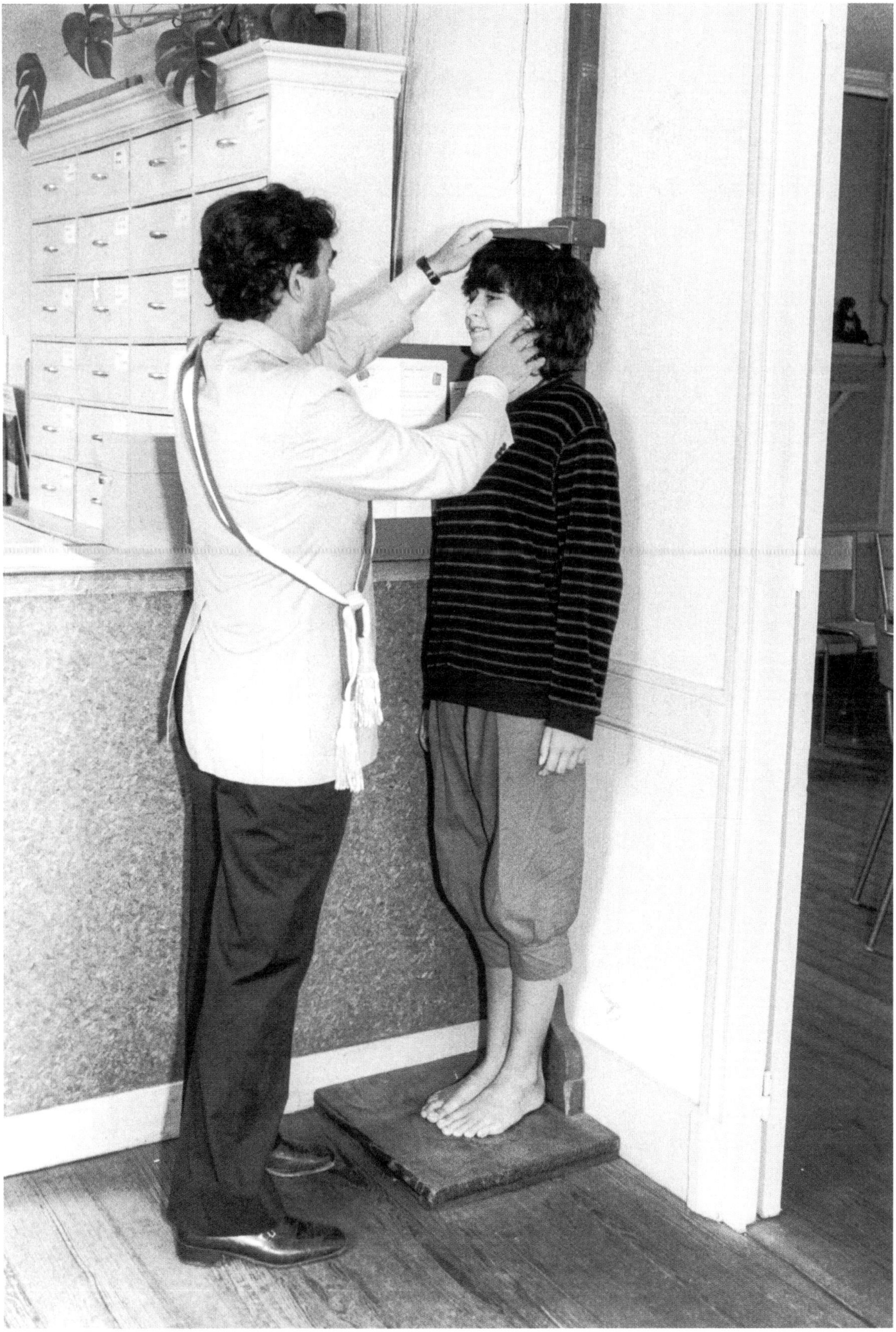

Page de gauche, à Épinay-sur-Orge, Bernard
avec Agnès, sa fille aînée, probablement en 1967.
Ci-dessus, avec Cécile à San Francisco en 1979
pour un voyage en famille.

« Après le bac et une année passée en licence d'histoire à la Sorbonne, j'avais décidé de tâter du journalisme. Journalisme, donc Centre de formation des journalistes, qui siégeait à cette époque rue d'Enghien, près des Grands Boulevards. Des locaux désuets (ce devait être la dernière année passée dans le 10e arrondissement) et le CFJ s'installerait rue du Louvre, dans le quartier dévolu à la presse.

En attendant, une voix derrière moi – une voix masculine – me demandait ce que je répondais à la question « Pourquoi voulez-vous devenir journaliste ? » Je n'avais pas encore une réponse précise à apporter à cette interrogation, sauf qu'il ne fallait sûrement pas évoquer le goût des voyages (que je n'avais pas et que j'éprouve toujours modérément). J'ai donc répliqué (assez sèchement, crois-je me souvenir) que je n'en savais rien, au jeune homme qui, entre-temps, s'était brièvement présenté « Bernard Pivot, je viens de Lyon. »

Ce fut tout pour ce jour-là. Nous fûmes admis tous les deux, avec le destin que l'on connaît à Bernard. Après des premiers pas dans la presse écrite, guidé par Maurice Noël (à la tête du *Figaro littéraire*), ce fut un essai à la télévision impulsé par Jacqueline Baudrier et suivi du succès que l'on sait... Des succès, faudrait-il écrire, qui n'ont jamais entamé une modestie, un appétit de savoir (et de lire, lire, lire !) qui ne lui ont jamais fait défaut.

Jusqu'à ses derniers instants, il est resté curieux.

Chapeau, Bernard ! »

Monique Pivot

Page de gauche, Monique et Bernard à bord de l'Orient-Express, en 1988.
Ci-dessus, avec ses filles Cécile et Agnès, pour ses 70 ans.

Ci-dessus, *Au Fumoir*, à Paris, avec Cécile, pour
la promotion du livre écrit ensemble *Lire !* en 2018.
Une photographie signée Manuel Braun.
À droite, en 1988, soirée au château de Saran,
propriété de Moët & Chandon, avec Agnès.

À gauche, Bernard avec ses petits-enfants Antoine et Lou.
Ci-dessus, avec Lou, Antoine et Maud à Quincié-en-Beaujolais.
Ci-dessous, avec Maud.

“[…] L’autre souvenir est lyonnais. Jusqu’aux années 1990, on voyait sous les ramures du parc lyonnais de la Tête-d’Or un petit monsieur qui s’asseyait chaque jour sur un banc et sortait d’un sac des noisettes dont il nourrissait les écureuils. Cet Orphée sans musique était le propre père de Bernard Pivot. Plus tard, j’ai suggéré à son célèbre fils qu’il n’avait cessé, lui aussi, de faire manger dans sa main, ou tourner dans sa roue, les écureuils de la littérature. La roue s’est brisée. Les guillemets sont fermés.”

Marc Lambron, *Le Point*, 9 mai 2024

“Ma sœur Anne-Marie, professeur d'allemand, moi, journaliste, il est patent que le seul artiste de la famille est mon frère Jean-Charles, pendant quarante ans viticulteur à Quincié-en-Beaujolais.”

Bernard Pivot, *Dictionnaire amoureux du vin*, éd. Plon

Page de gauche, en haut, à Lyon, Bernard avec son père, Charles Pivot, devant la Fresque des Lyonnais célèbres. En bas, Charles Pivot au parc de la Tête-d'Or. Ci-dessus, avec son frère, Jean-Charles, et sa sœur, Anne-Marie. Remarquons que Bernard porte une cravate avec son chiffre porte-bonheur : le 5.

Bernard Pivot

J'ai eu envie de faire en m'amusant
Une' petit' chanson
À propos d'un monsieur qui vient souvent
Dans notre maison
Il s'agit pas du facteur du plombier
D'un représentant cass' pieds
Il rend intelligent mêm' les plus sots
C'est Bernard Pivot

Un homme illustre disait des Français
Ce sont tous des veaux
On a depuis fait de nombreux essais
Pour changer de peau
Mais c'est pas avec le loto ou Dallas
Que nos cellul's se décrass'
Un homme est venu rehausser le niveau
C'est Bernard Pivot

La ménagèr' qui n'avait lu avant
Que la r'cette du cak'
Apprit boul'versée que Chateaubriand
N'était pas qu'un steak
Son époux n'ayant lu que des cantat's
Sur les boît's de camembert
Se mit soudain à citer Roland Barthes
Nietzsche et La Bruyèr'

Le vendredi les Français rent' chez eux
Bâclant leur dîner
Quelques sardines un yaourt ou des œufs
Avant la télé
Ou la nourritur' audiovisuell'
S'ra d'abord spirituell'
Car un seul homm' à ce moment prévaut
C'est Bernard Pivot

Car le soir de diffusion d'Apostroph's
Plus un chat dehors
Pour les prolos commerçants philosoph's
L'émission d'abord
Et mêm' ceux qui font l'amour sur la table
Arrêt' leurs ébats coupables
Y prenn' le pied en regardant le show
De Bernard Pivot

On se souvient du valeureux Hercul'
Et de ses travaux
Roland mourut ignorant le recul
Au col de Ronc'vaux
De Charlemagne qui s'est entêté
À nous fai' fair' des dictées
On a aujourd'hui le petit nouveau
C'est Bernard Pivot

Car c'est un art que de faire jacter
Un auteur timide
De couper çui qui veut pas s'arrêter
Ou qui prend le bide
Est-ce que l'talent qui émoustill' son cerveau
Vient du beaujolais nouveau
Je laisse encor' un' fois le dernier mot
À Bernard Pivot

Pierre Perret (paroles et musique)

Les paroles de la chanson de Pierre Perret sur son ami Bernard.
La première fois que ces deux formidables ambassadeurs de la langue française se sont rencontrés, c'était au restaurant de Paul Bocuse.

Page de gauche, en haut, les étés à Quincié, dans le Beaujolais.
Avec, de gauche à droite, François Périer, Raymond Lévy,
Michel Piccoli, Agnès Pivot et Ludivine Piccoli qui regardent
passer une course cycliste.
En bas, à table avec François Périer.
Ci-dessus, avec Bérengère Casanova, productrice et réalisatrice
de télévision. Ici, à Jérusalem en 1995 pour *Bouillon de culture*.

De gauche à droite, Bernard Pivot, Gérard Faye, Jean-Claude Jacquemet et Paul Geoffray.

“Gérard Faye jouait arrière, Jean-Claude Jacquemet ailier. Celui-ci deviendra industriel, celui-là vétérinaire. Nous étions dans le même pensionnat, dans les mêmes classes, surtout dans les mêmes équipes de football. Nous sommes restés des amis indéfectibles.”

Bernard Pivot, *Amis, chers amis*, Allary Éditions

Les quatre amis, des années plus tard.

“Je suis resté fidèle à mes amis d’enfance. Le pâtissier, le vétérinaire, l’industriel – ils sont depuis longtemps tous les trois à la retraite alors que je leur donne l’impression que je ne le suis pas et ne le serai jamais – habitent loin de Paris. Nous nous voyons peu, davantage avec l’ex-pâtissier, mais nos sentiments ne souffrent ni de l’éloignement ni de l’âge.”

Bernard Pivot, *Les Mots de ma vie*, éd. Albin Michel

L'intelligence de Jorge Semprun était aussi flagrante que sa beauté. En Castillan de bonne famille, il affichait l'une et l'autre avec une sérénité impressionnante, comme si tous les dons qu'il avait reçus de naissance et qu'il avait ambitieusement cultivés allaient de soi."

Bernard Pivot, *La mémoire n'en fait qu'à sa tête*, éd. Albin Michel

En haut, soirée dansante dans le salon de la maison de Quincié-en-Beaujolais, avec Jorge Semprun. Ci-dessus, avec aussi l'éditrice Nicole Lattès. Page de droite, au bord de la piscine Jean-d'Ormesson, en 1988, avec François Périer, Raymond Lévy et, au premier plan, Jean-Claude Lattès.

Un jour de l'An dans l'appartement parisien de Bernard et Monique Pivot, avenue Niel. Avec Paule Geoffray (l'épouse de Paul, l'ami d'enfance de Bernard), Yves Montand, Michel Piccoli et François Périer. Rominet, le chat de Bernard, avait tous les droits, et il n'était pas question que l'un de ces messieurs s'avise de le déloger pour s'asseoir dans le fauteuil !

L'HOMMAGE DE BERNARD À SON CHAT

Avec l'âge, il était devenu sourd. Mais son regard était resté celui d'un chat que les gourmandises de la table et de l'esprit n'avaient ni blasé ni usé. Peut-être pouvait-on juste observer dans ces grands yeux en amande une légère tendance du vert à foncer, comme si le temps, au lieu de délaver l'iris, avait fortifié ce qu'on pourrait appeler les teintes de la contemplation.

Il lisait et ce fut une chance qu'il pût lire jusqu'au bout. Mort, dimanche dernier, à 23 ans et demi, comme beaucoup d'archivistes, de bibliothécaires, de chartistes et de moines érudits que Dieu très longtemps oublie, cachés qu'ils sont dans des montagnes de papier, il devait probablement son grand âge à son intimité avec les livres. Froid, raidi, ses yeux restés ouverts semblaient continuer de scruter des images ou des mots. Avait-il déjà, ailleurs, repris ses lectures ? Était-il passé, presque à son insu, d'un logis bibliothèque à un autre ? S'étonnait-il de ne pas m'y trouver ? Les chats ne s'étonnent de rien, pas même de lire. Tourner la page, il savait.

Arrivé sans pedigree, sans papiers, sans diplôme, mais avec la recommandation d'une secrétaire avisée, il se fixa chez nous l'année même où je débutais à la télévision. Mes angoisses, il s'en fichait. Encore tout petit, quoique joueur, il était d'un naturel rêveur, souvent réservé. Il avait compris qu'il n'aurait dans cette maison qu'un rival, le livre, et qu'il était de son intérêt, surtout pas de se mesurer à sa multitude, à sa disponibilité et à ses mystères, mais de s'en faire un obligé par la lecture. Il devint donc aussi sérieux qu'un autodidacte.

Trop sérieux, même. Bien plus que moi. J'avais beau lui expliquer que dans la vie, il n'y a pas que la littérature, il était réfléchi et grave comme un ouvrage des Presses universitaires de France. Par notre appétit pour les poissons et les viandes, nous nous ressemblions, mais je ne pouvais pas le suivre dans ses longues séances de déconstruction romanesque ou de ressassement ontologique.

Quand il réfléchissait, il avait horreur d'être dérangé. Une photo le montre, couché dans un fauteuil du salon et entouré, debout, d'Yves Montand, de François Périer, de Michel Piccoli et de Jorge Semprun, auxquels il avait refusé de céder la place. La célébrité ne l'impressionnait pas alors que mes amis étaient épatés par sa souveraine et popote manière d'exercer son bon droit. Quand une équipe de télévision ou des photographes apparaissaient dans le couloir d'entrée, il fuyait au fond de l'appartement où, caché, il attendait le départ de ces frivoles et bruyants importuns. S'il avait été journaliste à la télévision, il eût été heureux d'être dans un placard – avec un bon bouquin.

Je crois qu'il m'aimait parce que je lisais. Il y avait alors entre nous une connivence devant laquelle cédait son mauvais caractère, à tout le moins sa circonspection innée. Il s'installait à mes pieds ou sur ma table de travail et ronronnait d'une affectueuse complicité littéraire. Moi, j'étais aux anges, je fondais, et il est de fait que les livres que j'avais alors sous les yeux bénéficiaient d'un attrait, d'un charme, d'une plus-value dont étaient privés les ouvrages que j'avais entre les mains quand il ne m'assistait pas, ou de trop loin, dans mes lectures. De cette manière, mon chat aura beaucoup influé sur mes jugements.

Et même sur mes choix. Venait-il à se coucher sur le volume ouvert qu'il était manifeste qu'il me déconseillait d'en poursuivre la lecture. Avait-il remarqué que je bâillais ? L'avait-il feuilleté la nuit précédente quand je dormais ? En vingt-trois années et demie de vie commune et de commerce partagé avec les livres, jamais il ne commit un impair, à savoir m'interrompre dans la lecture d'un ouvrage où je prenais du plaisir. Discernement et délicatesse. Il savait lire dans le regard d'un lecteur.

Comme tous les chats, curieux des paquets qui entraient dans la maison, il flairait les livres apportés par le facteur et les coursiers. Ayant remarqué qu'il négligeait certains pour se complaire avec d'autres, j'ai cru qu'il me donnait là un premier avis. Mais j'avais tort. Peut-être voulait-il voir jusqu'à quelles extrémités ma confiance en lui pouvait me conduire ? Si j'avais entériné ses choix à travers le papier d'emballage, je l'aurais certainement déçu. J'ai dit que c'était un chat très sérieux.

Et beau. Quoique né d'occurrences et de gouttières, il avait la classe d'une édition originale sur grand papier. Le poil blond et gris sombre, il était haut sur pattes, costaud, et il se faufilait avec élégance entre les piles de livres. Il ne s'appelait pas Proust ou Sainte-Beuve mais, tout simplement, Rominet. Quand, à haute voix, je lisais une page qui m'enchantait, il ouvrait ses oreilles et ses pattes frémissaient.

Bernard Pivot, *Le Journal du dimanche*, 8 décembre 1996

Voyage en famille à Prague en 1991 et visite
du cimetière juif. Bernard va déposer
une rose sur la tombe de Franz Kafka.

"J'ai connu Guy Frély, comme moi lyonnais, pendant mes études à Paris. Il faisait un stage dans un ministère. Son premier cadeau : un billet de 1 dollar. Pour me porter chance, me dit-il. Il ne s'était pas trompé. Deux fois j'ai perdu mon portefeuille à Paris, deux fois il a été trouvé et m'a été restitué, avec l'argent français et le dollar, par des Américains. [...] Cet homme à l'imagination industrieuse avait une qualité qui faisait de lui un ami incomparable : il était encore plus généreux de son temps. Son attention à tout ce que j'écrivais et animais me fascinait. Il avait tout lu et regardé. Il me donnait son opinion et me questionnait longuement sur les à-côtés et les suites. Dans les repas d'affaires ou mondains, il disait qu'il était mon ami alors que je n'étais qu'une signature parmi d'autres au *Figaro littéraire*."

Bernard Pivot, *Amis, chers amis,* Allary Éditions

Page de gauche, avec Guy Frély et sa fille Rachel.
En haut, Bernard à Quincié-en-Beaujolais. Nombreux, très nombreux, furent les déjeuners et les dîners en famille ou avec les amis dans le Beaujolais.
Ci-dessus, à Saint-Tropez chez Jean-Charles Millouet (à droite), coiffeur chez Carita pendant trente et un ans, et son compagnon, Alain Mathinier, styliste. Des amis de longue date.

Avec sa dernière compagne, Carole Mourey.

Avec Jean-Claude Lattès dans sa maison du Luberon, à Mirabeau. Tous les étés, Bernard passait une dizaine de jours chez son ami, pour son plus grand bonheur.

“C'est avec un ex-éditeur de littérature générale, mon cadet, que j'ai le plus d'affinités et de complicité. Les livres, la musique, la pêche, le vin, la bouffe. Ensemble, nous sommes toujours très bien.”

Bernard Pivot, *Les Mots de ma vie*, éd. Albin Michel

Twitter

1 million d'abonnés

Éric Mettout, journaliste, apprend à son beau-père à utiliser Twitter (à gauche, Cécile). C'était en décembre 2011. En creux, a confié Bernard Pivot lors d'une interview, on pouvait voir dans ses tweets une sorte d'autoportrait.

J'aime les tweets
parce qu'ils partent en silence,
circulent en silence et arrivent en silence.
Les tweets sont des chats.

Si j'étais professeur de français,
mon premier cours serait un éloge des mots
et des dictionnaires.

Respirer, manger, boire,
pisser, dormir et lire
sont des fonctions naturelles.

La joie fait briller les yeux,
l'humour l'esprit,
la gaieté le cœur.

De tous les appareils
et instruments de la cuisine,
le tire-bouchon est le plus astucieux,
le plus prometteur et le plus joyeux.

Un autre endroit malin pour dire à l'autre
que c'est fini : une boîte de nuit.
C'est musical, joyeux, et on n'entend rien.

Chaque fois que j'entends Rachmaninov,
je dis : « Bonsoir à tous. »

Tous les mots sont des personnages
de la comédie humaine.

Signe des temps : sur BFMTV les images
du nouveau gouvernement et de la guerre
en Ukraine ont été balayées par Mbappé
et sa décision de rester à Paris.

Les habitants de la banquise
déçus par la Cop 26. Phoques ulcérés,
manchots furieux, pingouins furibards,
éléphants de mer consternés,
renards fâchés, ours en colère,
morses en pétard.
Et les Esquimaux chantant
« tout va très bien, madame la banquise… »

Bientôt nous n'aurons plus besoin
d'avoir sur nous des billets de banque
et des pièces de monnaie
pour payer nos achats.
Ce sera l'autre disparition des espèces.

Exclusif. Dans un sondage national,
à la question « Vous feriez-vous vacciner
contre la connerie ? » 100 pour 100
des Français n'ont pas répondu oui,
les cons ayant répondu non.

Un des plus beaux jours
de ma vie professionnelle :
être à Capri avec John le Carré
pour recevoir un prix littéraire décerné
par les éditeurs italiens, lui comme écrivain,
moi comme journaliste.

À une voyelle près,
le i comme incognito et impunément,
les verbes flouter et filouter
se ressemblent beaucoup.

Pourquoi devons-nous rejeter les infox
(fake news) et accepter les caricatures ?
Parce que l'infox dit toujours un mensonge
alors que la caricature, souvent,
dit cruellement la vérité.

Les vignes assoiffées du Beaujolais
reçoivent depuis une demi-heure
une jolie pluie bien fraîche.
C'est paradoxalement des hectolitres
de vin qui tombent du ciel...

Vu sur Nat Géo Wild.
Un lion tient dans ses crocs le cou
d'un buffle jusqu'à sa mort, étouffé.
Vu sur les télés.
Un policier blanc de Minneapolis
appuie son genou sur la gorge
de George Floyd jusqu'à sa mort, asphyxié.
Une différence : l'homme noir a dit
« Je ne peux pas respirer. »

Grâce au Black Friday,
nous pouvons faire du bon business.
Par exemple, les mots français sont bradés
avec une décote de 50 à 75 %.
Thank you, boss !

Beaucoup d'écrivains ont voulu
révolutionner le langage amoureux.
Et puis, comme tout le monde,
à la fin ils ont dit « je t'aime ».

Dans la vie, j'ai essayé de faire ce que,
enfant, j'avais appris du football :
petits ponts, grands ponts et tirs au but.

Le seul commerce
que je visite tous les jours
n'est ni le boulanger, ni le crémier,
ni l'épicier, ni le cafetier,
mais le kiosquier.

On voudrait que notre esprit soit semblable
au ciel des étoiles filantes :
parcouru de traits de lumière.

Ça vaut vraiment le coup de polluer le ciel
avec un avion qui annonce à la plage,
sur une banderole, que les sardines
ne sont pas chères à Géant Casino ?

Cherchant dans le portefeuille de sa femme
des preuves de son infortune conjugale
il n'y a trouvé que des cartes de fidélité.

Quand il entend le mot « bouchon »,
le pessimiste pense
aussitôt aux autoroutes,
l'optimiste à une bonne bouteille de vin.

L'addition a été inventée
par la mathématique,
la soustraction par la dialectique,
la multiplication par la génétique
la division par la politique.

16 % des Français ne croient pas
que les Américains sont allés sur la Lune.
Ils ont raison : ce sont les Belges Tintin,
Milou et Tournesol.

À 10 ans, il cherchait
dans les dictionnaires des gros mots ;
à 20, des mots d'amour ;
à 30, des mots sportifs ;
à 40, des mots politiques ;
à 50, des mots gourmands ;
à 60, des mots philosophiques ;
à 70, des mots médicaux.

Ce qu'il aimait avec Twitter : « C'est à la fois l'exercice mental et l'exercice de style. C'est-à-dire arriver à résumer une pensée, un souvenir, un fait, un sentiment en 140 signes. Ce qui suppose donc de faire un effort pour exprimer de la manière la plus claire, et si possible avec humour, ce que l'on veut dire. » *Le Figaro*, 2017

Seul en scène

sea ART
Bernard
PIVOT
AU SeCOURS !
les mots m'ont mangé
MISE EN SCÈNE Jean-Paul Bazzicor
LUMIÈRES Thomas Chelot
PRODUCTION Sea Art

“ **On ne dira jamais assez la métamorphose tardive et spectaculaire de Bernard Pivot. Car on peine à reconnaître dans les théâtres où, seul en scène, il se produit depuis quatre ans, l'animateur d'*Apostrophes*. Avec *Au secours ! Les mots m'ont mangé*, Pivot exulte et s'exalte. À 81 ans il est enfin lui-même. Toute sa vie il a posé des questions. Voici venu le temps de donner ses réponses ! Endossant le personnage d'un écrivain, il joue à réformer l'orthographe, à se glisser à *Apostrophes*, à imiter un « collègue »… Pivot commence une carrière façon Michel Leeb ou Raymond Devos. Quel culot et quel régal !”**

Jérôme Garcin, *L'Obs*

Page précédente et ci-dessus, les deux affiches de ses spectacles. Il a débuté à Beaune en octobre 2012 avec *Souvenirs d'un gratteur de têtes* puis a enchaîné quelques années plus tard avec *Au secours ! Les mots m'ont mangé*. Il a au total donné 180 représentations à travers la France. Page de droite, sur scène.

Ci-dessus, Bernard Pivot avant d'entrer en scène. Il n'avait pas le trac, disait-il, car il ne se considérait pas comme un vrai acteur. Il l'avait davantage avant ses émissions à la télé.
Page de droite, sur scène, ses dictionnaires faisaient bien sûr partie du décor. Ses deux spectacles ont été parmi ses derniers grands bonheurs.

“Il a toujours été comme ça, Pivot, un loup dans la bergerie, à côté de l'autoroute, ce culot, cette faconde, cette manière de dire « j'aime le vin, le foot », son insolence. La scène a remis du charbon dans son moteur, l'a ramené à l'enfance, à cette vie qu'il a en lui, qu'il avait déjà.”

Jean-Michel Ribes, *L'Express* n° 3495, juin 2018

BIBLIOGRAPHIE DE BERNARD PIVOT

L'Amour en vogue, Calmann-Lévy, 1959
La Vie oh là là !, Grasset, 1966
Les Critiques littéraires, Flammarion, 1968
Le Football en vert, Hachette/Gamma, 1980
Le Métier de lire, réponses à Pierre Nora, Gallimard, 1990 (réédité et complété, Folio, juin 2001)
Remontrance à la ménagère de moins de 50 ans, Plon, 1998
Les Dictées de Bernard Pivot : l'intégrale, Albin Michel, 2004
100 mots à sauver, Albin Michel, 2004
Dictionnaire amoureux du vin, Plon, 2006
100 expressions à sauver, Albin Michel, 2008
Les Mots de ma vie, Albin Michel, 2011
Oui, mais quelle est la question ?, NiL Éditions, 2012
Les Tweets sont des chats, Albin Michel, 2013
Au secours ! Les mots m'ont mangé, Allary Éditions, 2016
La Mémoire n'en fait qu'à sa tête, Albin Michel, 2017
Lire !, avec Cécile Pivot, Flammarion, 2018
... mais la vie continue, Albin Michel, 2021
Amis, chers amis, Allary Éditions, 2022

CRÉDITS

Malgré tous nos efforts, nous n'avons pas été en mesure de retrouver tous les photographes ou leurs ayants-droits. Merci à eux de bien vouloir se faire connaître auprès du service des droits des Éditions Calmann-Lévy.

Carte de presse numéro 17316
p. 28 : © Le Figaro
p. 32-33 : © Le Figaro
p. 34 : © Claude-Michel Masson
p. 35 (bas) : © Claude-Michel Masson
p. 37 (bas) : © Lire Magazine
p. 38 (haut) : © Lire Magazine
p. 39 : © L'Express
p. 40 : © Michel Szabo pour Lire Magazine
p. 44 : © Lire Magazine
p. 47 : © Sophie Bassouls

La télé : « Bonsoir à tous ! »
p. 48 : © Francis Mortier
p. 50 : © Universal up photo
p. 53 : © Michel Szabo
p. 54 : © Michel Szabo
p. 55 : © Morel/Le Point
p. 56 : Apostrophes © INA/Claude Doucé
p. 60 : © Louis Monier. All rights reserved 2024/Bridgeman Images
p. 61 : © Michel Szabo
p. 62-63 : © Jean-Régis Roustan/L'Express
p. 65 : Apostrophes © INA/Dominique Gonot
p. 69 : © Michel Szabo
p. 71 : © Morel/Le Point
p. 79 : © PHOTOGRAPHIE : Lucien CHIASELOTTI
p. 81 : © Télé 7 jours/CMI France
p. 82-83 : © James Espié/ELLE France
p. 86-87 : © Roger PICHERIE/PARIS MATCH/SCOOP
p. 88 : © M. Jeanneau/SIPA
p. 89 : © I.P. Interpress
p. 90 : © I.P. Interpress
p. 92-93 : © AGIP/Bridgeman Images
p. 94 : Apostrophes © INA
p. 96 : Apostrophes © INA/Robert Picard
p. 97 : © Oscar J. Marianez/https://commons.wikimedia.org/wiki/File : Robert_Sabatier.JPG
p. 98-99 : © Sophie Bassouls
p. 100 : © M6 MediaBank/RTL
p. 101 : © Sophie Bassouls
p. 103 : Apostrophes © INA/Robert Picard
p. 108 : © Sophie Bassouls
p. 109 : © Sophie Bassouls
p. 110-111 : © Sophie Bassouls
p. 113 : © Sophie Bassouls
p. 117 : © Gilles Scarella
p. 118 : © Frédéric Reglain/Getty Images
p. 119 : © Sergio Gaudenti/Getty Images
p. 120 : ©DavidAROUS-histoiresdimages/Académie Goncourt
p. 121 : © V. Cabut/cabu-officiel.com
p. 123 : © Marie Dabadie

De Bernard et de Pivot, par Pierre Assouline
p. 129 : © Michel Szabo
p. 132 : © Karl Lagerfeld

Les journaux
p. 144 : © Francis Mortier

Le sport et le foot en particulier
p. 151 : © DR/Presse Sports
p. 153 : © Alain Landrain/Presse Sports
p. 154 (haut) : © DR/Presse Sports
p. 154 (bas) : © DR/Presse Sports
p. 155 : © Lablatinière/Presse sports
p. 156 : © Michel Croizard via Bestimage
p. 157 (haut) : © Télé Poche
p. 157 (bas) : © Lenoir
p. 158-159 : © Presse sports
p. 160 (haut) : © Alain Landrain/L'Équipe
p. 160 (bas) : © DR/Presse Sports
p. 161 : © Presse Sports
p. 162 : © Guy Gios/PhotoPQR/Le Parisien/MAXPPP

Cuisine, vin et Beaujolais
p. 157 : © Photo Télé Poche
p. 166 (haut) : © André Florent
p. 167 : © Yvette Becam
p. 168 (haut) : © Photo Philippe Ledru
p. 168 (bas) : © Romuald RAT/GAMMA RAPHO
p. 175 : © Michel Ginies/SIPA
p. 176 : © Jean-Louis Bernuy (Nuits-Saint-Georges)/Archives Confrérie des Chevaliers du Tastevin
p. 178-179 : © Gérard Schachmes
p. 182 : © Jean-Régis Roustan/L'Express
p. 183 : © Michel Ginies/SIPA
p. 184-185 : © Jean-Régis Roustan/L'Express
p. 187 : © Sebleouf/https://fr.m.wikipedia.org/wiki/Fichier:Vaux-en-Beaujolais_-_%C3%89cole_communale_Bernard_Pivot.jpg

Les Dicos d'or
p. 191 : © Hugues Vassal
p. 192 : ©Ina/Claude Doucé

L'académie Goncourt
p. 200 : © Benjamin Decoin
P. 201 : © photo VdN
p. 203 : © RebeccaBowring5777
p. 204 (bas) : © photo VdN
p. 205 (haut) : © Francesca Mantovani

L'amitié, l'amour, la famille
p. 208 : © Télé 7 jours
p. 209 : © L'Express
p. 214 : © Manuel Braun
p. 215 : © Pirahnas
p. 218 (haut) : © CitéCréation
p. 221 : © Texte Pierre Perret

Twitter, 1 million d'abonnés
p. 237 : © Antoine Le Grand/Modds

Seul en scène
p. 249 : © Philippe Yvonnet

Merci à Bérengère Casanova pour les photos qu'elle nous a confiées.

Achevé d'imprimer en septembre 2024
par Pollina (85400 Chasnais)
pour le compte des éditions Calmann-Lévy
21, rue du Montparnasse 75006 Paris

PAPIER CERTIFIÉ

CALMANN LEVY s'engage
pour l'environnement en réduisant
l'empreinte carbone de ses livres.
Celle de cet exemplaire est de :
1.5 kg éq. CO_2
Rendez-vous sur
www.calmann-levy-durable.fr

N° d'éditeur : 3948648/01
N° d'imprimeur : 51021
Dépôt légal : octobre 2024
Imprimé en France